流通経済大学社会学部創設30周年叢書

RKU 現代心理学論文集

RKU 現代心理学論文集編集委員会

澤海崇文／高口央／山岸直基／井垣竹晴／中村美枝子／佐藤尚人

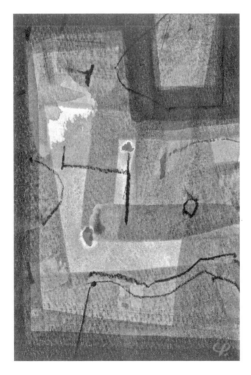

流通経済大学出版会

まえがきにかえて

　本書は流通経済大学社会学部創設30周年を記念して発行された
シリーズの１冊です。流通経済大学で心理学の科目を担当してい
る、あるいは心理学の研究をしている、６人の教員が集まって書
きました。それぞれが学生たちに伝えたいことや、自分の興味関心
について書きました。ですから、最初から順番に読まなければなら
ないということはありません。

　前半の３つは卒業論文のヒントになることが書かれています。
これから卒業論文を書こうとしている人に特にお勧めです。

　後半の３つはそれぞれの専門分野での活動や関心をもとに書か
れています。読者の皆さんの興味にそって読んでください。

　それぞれが自由に書きましたので、読みにくい点があるかもしれ
ません。それでも心理学に関係する授業や研究をしているという共
通点は、大切にしたつもりです。皆さんが心理学と聞いてイメージ
するものと少し違うところがあるかもしれませんが、それほど心理
学という領域は幅が広く奥が深い、ということだと思います。

　ようこそ、深淵なる心理学の世界へ。

著者一同

ＲＫＵ現代心理学論文集

＊目次＊

私が考える研究の種類

―心理学を例にして―

澤海　崇文

序論

　「研究」と聞くとたいていの学生はたじろぐであろう。多くの4年制大学では卒業要件に卒業論文の提出を求めているため、4年生もしくは3年生の時点から、学生が基本的には自分で研究を進め、その結果を論文の形でまとめなければならない（もちろん他の学生と協力したり指導教官と共同で研究を進めたりすることもあるが）。研究しようとすると、どこから始めたらよいのか、どのようなテーマが良いのかと、身構えてしまうのではないだろうか。著者自身も大学生や大学院生の頃はそうであった。著者自身の卒業論文を見返してみると（今はもう見返したくもないのだが）、これを研究といっていいのかと思うくらいひどい出来である。日本の大学生を対象に、恥ずかしがり屋の度合い（シャイネス）と個人に比べて集団の利益を重要視する傾向（集団主義）との関係を検討したところ、結局出た結論は二者には相関がないということ、つまり、シャイネスが高い人ほど集団主義が高いもしくは低いといった傾向が見られなかったという内容で、結局何が主張したかったのだろうかと改めて思う。確かに大学生100人からデータを集めたという事実は費やした労力を示すものかもしれないが、研究を計画する段階で十分に考え抜かないと、せっかくのデータも使い道が限られてしまい、もったいないことをしてしまうことになる。

　本章を執筆している現在、まさに著者の担当するゼミの4年生の卒業論文をチェックしている最中であるが、研究というものを難しく捉えすぎて、論文の分量は確かに多いものの、結局何を言いたいのか分からなくなっているような論文も見受けられる。特に、研究に対して張り切りすぎてしまうような生真面目な人ほど、研究テーマに関してたくさんの調べものはしてくるものの、自分の主張

がどこにも見当たらないような論文を書いてくる。それでは大学の個別の授業で提出するレポートとさほど大差はない。ただ分量が多くなっただけである。それでは一体、どのようなことを行えば、研究と言えるのであろうか。

　研究と見なされる成果に至るための道のりは複数存在するので、そこまで難しく考えすぎないでほしい。もちろん分野によってテンプレートと言われる研究のやり方は異なってくるであろうが、心理学においていわゆる定石と言われるような研究のやり方はあると思う。もちろん本稿で紹介する研究の種類が心理学研究を網羅的に紹介しているわけではないが、１つのまとまった考え方だととらえてほしい。本稿は著者個人の偏った見方に基づいて構成されているが、心理学者の端くれとして研究を進めている立場として読者に何かしら貢献できないだろうかと思い、本稿の構想に至った。ちなみに本稿は主に心理学研究について紹介しているが、以下で紹介する研究のやり方を身に着ければ、分野を問わず、様々な分野を専門とする学生や研究者にとっても資するであろう。本稿では特に、研究の具体的な進め方ではなく、研究の種類について明らかにすることを目的とする。

研究とは

　研究とはそもそも何であろうか。どのような試みが研究たるものなのだろうか。新村（1998）によると、研究は「よく調べ考えて真理をきわめること」と定義されており、著者もこれに異論はない。前半部の「よく調べる」というプロセスを心理学に当てはめると、ある研究テーマについて調べものをしたり、これまでに発表された書籍や論文を読み漁ったりする、という作業に該当するであろう。

これまでに行われた研究を先行研究というが、「よく調べる」というのは言い換えれば先行研究をレビュー（概観）することである。次に来るのが「考える」という作業であり、心理学に当てはめてみると、先行研究に対して「ここは合っているけどここは違う」といった具合に、自分なりに頭を使って先行研究を批判的に見ていき、先行研究を土台として自分独自のアイデアをひねり出す作業に該当すると思われる。具体的には、先行研究でまだ検討されていない点を発見したり、先行研究における欠点（欠点というと少々物々しい響きがするので修正すべき点とでも呼ぶべきだろうか）を見つけてそれを改善した研究を計画したりする。そして次のステップが「真理をきわめる」という作業であり、心理学では多くの場合、実験や調査などの研究方法を活用し、データを収集して分析することが該当すると考えられる。データ分析の結果はまごうことなき真実であるため、客観性は比較的高いであろう（ただし一部の研究手法やデータ分析法の選択といった点で主観性が入り込むこともあるが）。心理学研究では最後に再び「考える」作業が残っており、データ分析の結果が学術的および社会的にどのような意味合いを持つのかを考察して記述する必要がある。さらに、今回取り上げたテーマで今後どのような研究を推進していくのが望ましいのかといった、今後の展望についてもじっくり考えて記述しなければならない。以上が、著者の考える心理学研究である。

　著者は様々な機会に、大学の卒業論文はただの感想文や読書レポートではないという話を耳にするが、まさにその通りである。卒業論文の完成のためには卒業研究を実施する必要があり、執筆者が先行研究をただ単にまとめただけでは自分の研究とはならない。さらに一歩進めて、執筆者ではない人がその論文を読んだ際に何かしらの新しい発見がないと研究とは言えないであろう。さらに言えば、望ましい研究というのは、執筆者が焦点を当てた研究分野の専

門家がその論文を読んだ際にあっと驚くような発見を含み、それを説得的に実証して簡潔に記述したようなものであると著者は考えている。

　しかし、言うは易く行うは難し、上述の理想的な研究を実際にやろうとすると、うまい具合にはいかないものである。先行研究を読み進めていくうちに、先行研究が権威的な存在に見えてきて、そこで記述されていることがすべて正しいように思えてくる。自分が興味を持つテーマについてすでに先達が検討を進めているため、果たして自分はどのような新しい発見をすることができるのだろうか、そういう不安を抱く人も少なくないであろう。新発見という宝が埋もれている研究分野を特定し、それをピンポイントで突き止めて何かしらの新しい事実を見つけるというのは、なかなかに難しい作業である。言い換えれば、これから検討を重ねていく具体的な分野を特定し、その分野でこれまでに明らかにされている事柄を先行研究で網羅し、その蓄積された知に対して挑んでいかなければならないという大きな使命を感じるかもしれない。ただ、そこまで極端に難しくとらえないでほしい。読者のみなさんには、研究というものを少し肩の力を抜いて気軽に取り組んでほしい。

　著者のこれまでの研究を振り返ると、何か1つの専門分野に特化して（例えば心理学の中でも社会心理学、社会心理学の中でも対人魅力の研究に専念するといった具合）その道を究めるといったタイプの研究者ではなく、どちらかというと広く浅く研究してきたと感じている。そのような浅い知識を持つ者であっても、国際的に名高い学術雑誌に論文を発表した経験もある。狭く深く研究するスタイルと広く浅く研究するスタイルの是非についてはここでは論じないが、多種多様な研究を実施してきた甲斐もあってか、幅広い種類の研究に関わり理解してきたつもりである。著者のこれまでの経験から（経験といっても心理学に携わってまだ15年程度であるが）、以下では

研究の種類を提示していく。

研究の種類

　以下では研究の種類について、大まかに分類を示していく。ま
ず、2つの文献を取り上げ、そこで紹介されている分類を説明す
る。続いて、著者が提案する分類を実証研究も交えながら説明する。

　Ladik & Stewart（2008）はマーケティング関連の雑誌に掲載した
論文で、各研究が果たす貢献度に連続性を仮定し、貢献度順に研究
を並べて、各研究の特徴を紹介している。Ladik & Stewart が前提
とする考えは "A contribution is made when a manuscript clearly adds,
embellishes, or creates something beyond what is already known"（p.
157）という主張で、つまり、ある研究が貢献を果たすためにはこ
れまでに明らかになっていることを超えて、何かしらの新しいこと
を示さなければならないという。その論文の中で貢献度が物差しと
なっているモデルが紹介されており（p. 163, Figure 2, a contribution
continuum）、研究の種類によって貢献度が1から8まで割り振られ
ている。このモデルによると、数値が高いほどその研究がより大
きく貢献していることを意味する。図1にその様子を示した。貢献
度1に位置する研究は "straight replication" であり、先行研究を再
度実施し、結果が再現されるか否かをチェックするタイプの研究
で、いわゆる追試である。貢献度2に位置する研究は "replication
and extension" であり、このタイプが最も頻繁に行われているとい
う。このタイプの研究は追試だけに留まらず、例えば新しい実施
環境（先行研究とは異なる種類の参加者に対して実施したり、異なる測
定法を使用したりすることなど）で研究を行い、これまでに報告され
ている効果が観測される条件を追加したり限定したりする。貢献

度 3 に位置する研究は "extension of a new theory/method in a new area" であり、一見、貢献度 2 の研究と類似しているという。ただし、貢献度 2 のタイプの研究は既に提案されている理論を新しい環境で検討するのに対し、貢献度 3 のタイプの研究はこれまでとは違った分野で新しい仮説を編み出したり、新しい理論を構築したりするという差異がある。貢献度 4 に位置する研究は "integrative review" であり、先行研究を統合するという性質を持つ。ただ、気を付けなければいけないのは、先行研究をただ単にまとめただけでは貢献度は低く、貢献度 4 となるためには先行研究をレビューした結果、新しい仮説や知見が生まれなければならない。これを達成するためには、必須ではないが、メタ分析といった統計的手法が取られる。貢献度 5 に位置する研究は "developing a new theory to explain an old phenomenon" であり、先行研究で報告されている効果や傾向を説明するために、新しい理論を編み出すような試みのことを指す。特にこのタイプの研究でよく採用される検討法は、従来の理論と新しい理論とを戦わせるようなやり方で、どちらの理論の方が同じ現象をよりよく説明できるかといった観点で比較される。貢献度 6 に位置する研究は "identification of a new phenomenon" であり、ただ単に従来の理論を拡張したり限定したり洗練したりするだけではその段階には至らず、新しい現象を発見する試みのことを指す。その新しい現象をベースとして更なる研究が続くことが期待される。貢献度 7 に位置する研究は "developing a grand synthesis" であり、これは複数の理論をまとめ上げ、大きな別の理論に仕上げることである。個別の理論が新しい理論の構成要素となるのである。貢献度 8 に位置する研究は "developing a new theory that predicts a new phenomenon" であり、新しい現象を見つけ、それを予測したり説明したりするための新しい理論も考え出すという、非常に困難な試みである。例としてアインシュタインが相対性理論を

発見したように、学術世界に大きな貢献をもたらすといえ、ノーベル賞に値するような研究も含まれる。以上、Ladik & Stewart の論文に基づき、貢献度の高さによって研究の種類を8つ紹介した。

低 ←——————————————→ 高

1　2　3　4　5　6　7　8

1　完全なる追試
2　追試と拡張
3　新たな分野での新しい理論・方法の拡張
4　統合的概観
5　既知現象を説明するための新しい理論の構築
6　新しい現象の発見
7　理論の統合
8　新たな現象を予測するための新しい理論の構築

図1　貢献度ごとに並べた研究の種類
（Ladik & Stewart, 2008, p. 163, Figure 2を元に著者が作成）

一方、Silvia（2015）は自身の著書にて、学術雑誌に掲載される質の高い心理学研究を4つに分類して記述している。1つ目は "Which one is right?"、つまり2つの異なる説を取り上げて、どちらが正しいかを論じるような研究である。もちろんどちらか一方の説が正しいということが示されるケースもあるが、どちらの説も特定の条件においては正しかったり、逆に正しくなかったりすることもある。2つ目は "Here's how this works"、つまり、ある現象を引き起こすようなメカニズムを明らかにしたり、因果関係の間に存在する変数（媒介変数という）を突き止めたりするような研究である。我々が当たり前だと思っている現象をさらに掘り下げ、なぜそのような現象が生じるのかという謎を明らかにするような研究である。3つ目は "Things that seem similar are different（or vice versa）"、つまり、一見似ているように見える複数のものが実は異なっているのだと示したり、逆に一見異なっているように見える複

数の事柄が実は似通っているのだと示したりする研究である。言い換えると、複数の研究をまとめる、もしくは切り分けるような作業が含まれているといえる。4つ目は "Here's something new"、つまり、新しいアイデアを提案する研究である。他の研究者からも着目されるような興味深い現象や効果を実証することが該当する。

　以上のように研究の分類に関しては諸説あるものの、研究の訓練をある程度積んだ者であればすんなりと理解できるかもしれない。しかし、まだ経験の浅い研究者や大学院生、学部生はもしかしたら理解に苦しむかもしれない。そこで、本稿ではなるべく理解しやすい言葉を使い、専門用語を最小限に留め、心理学における研究の種類をシンプルに説明していく。なお、研究の経験が比較的豊かな読者は Ladik & Stewart（2008）および Silvia（2015）を参照されたい。そこには、質の高い研究を実施して有名な雑誌に論文を載せるテクニックが詳細に記述されている。

著者が提案する研究の種類

　本稿では、心理学における多様な研究をカテゴリー分けし、初学者にとっても理解しやすいように提示していく。まず、心理学における研究を大きく二分すると、科学的研究と実践的研究とに分けられると思われる。最初に断っておくが、この分類は非常に雑であり、しばしばある1つの研究がこの2つの研究の性質を持つこともある。しかし、話をできる限り分かりやすくするため、この2種類に分けて説明していく。

　科学的研究というのは、これまでにある研究分野で分かっていることに対して、何かしらの新しい知見を加えるという試みである。何かしらの新しい現象を発見したり、これまでXだとその分野の研

究者に思われてきたことが実はYであることを示したり、という具合である。理系分野において実例を挙げると、新しい細胞を発見したり、地球人にとって太陽や星が動いているように見えるのは天動説ではなく実は地動説が正しいということを示したりする作業である。それに対して、実践的研究というのは、これまでに示されてきたことを現場で実践するという試みである。例えば心理学の理論によると、人間には自分自身が平均よりも優れていると評価する傾向があると示されているが（平均以上効果と呼ばれる、Alicke, Klotz, Breitenbecher, Yurak, & Vredenburg, 1991)、果たしてこのような傾向がどの国でも観測されるのであろうか。そういう疑問に基づいて、昔の研究が再現されるかどうかを検証する作業も研究といえる。実際、伊藤（1999）は日本の大学生を対象として平均以上効果が観測されるどうかを検討したところ、優しさや真面目さといった面では自分を平均よりも高く評価していたものの、経済力や容貌といった面では自分を平均よりも低く評価していた。つまり、一部の側面では日本人は平均以上効果を示さなかったのである。このような結果は、先行研究で観測された効果や理論が別の実施環境においても再度確認されるかどうかを検討して初めて明らかになったのである。

　心理学での研究はこのように大きく2つに分けられると思われるが、まだ十分に理解しやすい分類ではないかもしれない（著者自身もこの分類が果たして十分に分かりやすいかどうか全く自信がない）。以下ではさらに話を具体的にするため、研究を6種類に分けて実例を挙げながら説明していく。

　以下では心理学で典型的と思われる6種類の研究を紹介する。どの分野においてもこれまでに行われた研究（つまり先行研究）があるはずだが、それに対してどのようにアプローチしていくかが異なる。それぞれ、(1)先行研究に反論する研究、(2)先行研究を細分化する研究、(3)先行研究を統合する研究、(4)先行研究にないものを

提案する研究、(5)先行研究を実践する研究、(6)先行研究を再現する研究と分類できよう。前半4つが科学的研究、後半2つが実践的研究に対応していると思われる。ただし、これは厳密な対応ではなく、それに続く研究も合わせることで、まとまった研究群として異なるカテゴリーに分類される可能性もある。例えば、上記の例のように平均以上効果が日本において一部再現されなかったという研究を出発点として、それが科学的知見の発展へとつながった。つまり、もともとは実践的研究とカテゴリー分けされる可能性の高かった研究が、その後の考察によって、場合によっては続く一連の研究のおかげで、科学的知見を追加するような研究となったのである。

　話を元に戻し、続く節では研究各種を具体的な研究も挙げながら説明していく。

1. 先行研究に反論する研究

　研究者として納得のいかない説や理論が他の研究者から提示され、それに反論していかないとその研究者の説や理論が定説化してしまう。先行研究に反論していくというのはリスクの高い行為とも思われるが、その分、やり遂げた際のインパクトは大きい。天動説に対してコペルニクスが反論したのと同様である。

　先行研究に反論するというとやけに物々しく聞こえるかもしれないが、そこまで難しく考えないでほしい。たとえば、読者のみなさんが論文や著書を読んで「これは本当にそうなのか？」と疑問を抱いたとする。それがまさに反論の出発点なのである。どうやら、学部生が心理学関係の先行研究を読み漁っているときの最初の反応が「実感がわかない」「理解できない」「実体験とそぐわない」といったものが少なくないように見受けられる。もちろん、本人が勉強不足でそのように感じることもあるだろう。しかし、別の見方をすると、先行研究とは異なった主張で自分が正しいと思う事柄を妥当な

やり方で示し、説得的に記述することができれば、それは大きな発見となりえないだろうか。

　では、具体的にどのような研究が可能だろうか。著者が長らくお世話になった指導教官が主導した研究をまず紹介する。心理学では自尊心という概念が長い間研究されており、自尊心とは自分に対する肯定的な態度や見方のことを指す。つまり、自尊心が高い人というのは自分についてポジティブな評価を下す。質問紙を用いた多くの研究によると、欧米の人に比べて日本人の自尊心が低いという結果が報告されており、日本人にとって自尊心は大切ではないという主張まで存在する（例として Heine, Lehman, Markus, & Kitayama, 1999）。これに反論すべく、著者の指導教官は長い間、日本人の自尊心にターゲットを当て、様々な視点から日本人の自尊心を研究してきた。Yamaguchi et al.（2007）は、潜在連合テスト（Implicit Association Test：以下 IAT と略す）という手法を用いて、アメリカ人、日本人、中国人の自尊心を測定して比較した。IAT というのは非常に間接的な測定法で、対象者に直接的に自尊心の高さを問うものではない。詳細は後述するが、本人が意識できないような概念を測定できる手法で、Yamaguchi et al. は IAT を用いて、各国で本人が意識できないような自尊心を測定したところ、面白いことに日本人の自尊心は他の国の人たちに比べて低くなく、場合によってはむしろ高いという結果も観測されたのである。つまり、これまで研究者、特に海外の研究者に当たり前と思われていたこと（日本人の自尊心は低い）に対して、別の観点から検討を加え、その主張を反駁したわけである。その研究論文は非常に高く評価され、複数の新聞社から取材を受けるなどの結果にも結び付いた（例えば朝日新聞社, 2007）。

　次に、著者が2015年に Journal of Cross-Cultural Psychology という雑誌に他の研究者と共同で掲載した論文の一部を紹介する（Sawaumi,

Yamaguchi, Park, & Robinson, 2015）。本論文ではコントロール（control）
という概念を取り上げた。コントロールという言葉は種々の場面で
用いられるが、ここでのコントロールとは自分の望むような結果を
得ることを指す。現在置かれている状況を変えたいと思っている時
に、環境や他者に対して、ないしは自分自身に対して何かしらの変
化を加える試みのことである。例えば、あなたはアパートに住んで
いて、隣の部屋の住人が夜遅くになっても静かにならなくて、なか
なか寝付けないということがここ数日続いたとする。このような不
快な状況を解決するために何かを変えることがコントロールである
が、様々な対処法が考えられるであろう。問題となっている住人に
不満を伝えて、迷惑行為をやめてもらうという方略もあれば、自分
が耳栓をつけて就寝時に音を気にしないようにするといった、自分
のほうが変わるという方略もあるだろう。コントロールについて伝
統的には二分法が採用されており、前者のほうを一次的コントロー
ル（primary control）、後者のほうを二次的コントロール（secondary
control）という。

　一次的、二次的といった言葉遣いからも推察されるように、基本
的には人間は一次的コントロールを好むと思われる。ただし、これ
までの多くの研究によると、アメリカ人は一次的コントロールを志
向するのに対し、日本人は二次的コントロールを志向するというこ
とが主張されてきた（例えば Weisz, Rothbaum, & Blackburn, 1984）。
しかし、それを示すような実証的かつ説得的なデータは見つから
ず、本当に日本人は環境や他者を変える方略よりも自分を変える方
略を望んで行うであろうかとの疑問を著者は当時抱いていた。そ
の疑問に基づき、日本の大学生を対象に研究を実施した。シナリオ
実験を採用し、実験参加者にはある場面にいるように想像してもら
い、そこで取りたい行動について答えてもらった。上述の場面以外
に例えば、共同作業を進めている場面で、パートナーにさらに努力

してほしいと思っている場面で、どのような行動を行いたいかを答えてもらった。そのデータを分析した結果、なんと先行研究とは逆の結果が得られたのである。要するに、自分がパートナーの分までがんばるといった回答よりも、パートナーにさらにがんばってほしいと伝えるといった回答の方が多く観測されたのである。他のシナリオでも同様の傾向であった。つまり、日本人は二次的コントロールを一次的コントロールよりも好むということがこれまで言われていたのに対し、我々のデータによると、日本人はむしろ一次的コントロールを好んでいるといった結果が得られたのである（ただしその研究ではアメリカ人のデータは取っていなかった）。

　以上のように、自分の研究結果が先行研究と異なるように出たとしても、即座に自分の研究のやり方が間違っていたと自分を責めないでほしい。自分の研究と先行研究との違いはどこにあるのかをじっくり考えて綿密に分析してみてはいかがだろうか。それがまた新しい発見につながるかもしれない。

　ちなみに、この研究結果を当該雑誌に掲載するためには数年かかったが、英語で発信することで、日本人以外の目にも触れることになり、日本語で論文を発表するよりも断然、世界的に見て着目される論文となった（本稿を執筆している時点で既に海外雑誌の論文7件に引用されている）。

2．先行研究を細分化する研究

　2つ目の研究の種類は、大まかな理論を細かく分けていく類の検討である。理論というのはもちろん、簡素でありつつも、広範な現象をより正確に説明できるものが望ましい。しかし、そのような理論がすべての現象を100%説明できるかというと、必ずしもそううまくはいかないものである。理系分野では特定の理論や定理、公理が必ず正しいということはあるだろうが、文系分野では、特に人

間の心を対象とした心理学では、常に正しい理論というのは存在しえない。そこで取られる手法の1つが細分化である。各現象が生じるための条件を明らかにしたり、因果関係での二者の関係を説明する変数を突き止めたり、対象となっている概念そのものをさらに分類するといった試みがありえるだろう。

　心理学ではセルフ・ハンディキャッピング（self-handicapping）という現象が発見されている（Jones & Berglas, 1978）。名前からするに一見難しそうな現象であるが、読者も経験があるかもしれない。簡単に言うと、自分自身にハンディキャップを課すのである。著者が実際に実行していたセルフ・ハンディキャッピングを以下で紹介する。著者は中学生および高校生の頃は進学校に通っており、勉学に特に力を注いでいた（と正直に思う）。そして、中間試験や期末試験に向けて人一倍準備をし、高得点を取ることで誇らしい気持ちになっていた。しかし、毎回上手くいくわけでもなく、苦手な教科の試験であったり、学期中に真面目に授業を聞いていなかった教科の試験であったりすると、高得点を取れる自信がなかった。そこで、あえて当日に寝不足の状態になったり（試験勉強以外の別のことをして夜更かしをしていた）、他教科に比べて全くの勉強不足の状態で臨んだり、全然勉強していないとほらを吹いたりしたこともあった。このようなことは、学業場面だけでなく、スポーツ場面でも観察されるであろう。あるスポーツで大事な大会が始まる当日、開催時間の前に「あまり練習していなかった」「体調が万全ではない」といったハンディキャップを他者に対して表明し、理解させるのである。人はなぜそのように面倒くさいことをするのだろうか。なぜならば、そのような不利な状況で素晴らしい結果を残したのであれば、自分という人間はそのような逆境を乗り越えられるほど能力の高い人間であることを示せるし、たとえ結果が悪いものであったとしても、それを状況のせいにできるためである。セルフ・ハン

ディキャッピングという現象は、これはこれで1つの素晴らしい理論だと言えるが、ここで1つの疑問が思い浮かぶ。果たして人間は全員、常にそのような行動を取るのであろうか。おそらく、そんなことはないだろうと多くの読者は思うだろうし、状況によってセルフ・ハンディキャッピングを取るか取らないかは変わってくると考えるのは自然である。この現象を詳細に検討した研究では、状況をある基準に基づいて分類し、必ずしもすべての状況でセルフ・ハンディキャッピングが取られるわけではないことを示した。具体的には、直前の課題においての出来具合が随伴的かどうか（自分自身の行動とは無関係に生じる成功かどうか）、課題に対しての自我関与度が高いかどうか（課題の遂行が自分にとって大事であったり十分な意味を持ったりするかどうか）、状況が公的か私的か（課題遂行の様子を知っている他者が存在するかどうか）といった要因によって、セルフ・ハンディキャッピングが生じるかが変わるという（伊藤, 1991, 1993を参照されたい）。

　2つ目の細分化の例を紹介する。細分化というのは、何らかの現象を細かく条件分けするだけにとどまらず、メカニズムを明らかにすることも含まれると考えられる。例えばXとYの因果関係を考えてほしい。仮にXがYに影響を与えると想定すると、Xが独立変数、Yが従属変数と心理学では呼ばれるが、果たしてXがYに直接的に影響するのだろうか。もしかしたら、XからYに至るプロセスの間にZという別の変数が割り込むかもしれない（図2参照）。このような時にZを媒介変数と呼ぶが、Zを明らかにするのも細分化の1つと言えるだろう。Lam & Zane (2004) は、先述のコントロールという文脈にて、このタイプに含まれると思われる研究を実施した。先ほどは一次的コントロールと二次的コントロールをアメリカ人および日本人といった国籍をベースにして議論したが、Lam & Zane は民族性に着目し、白人アメリカ人はアジア系アメリカ人よ

りも一次的コントロールを志向し、二次的コントロールに関しては逆の民族差が見られたことを報告している。さらに、Lam & Zane は媒介変数として文化的自己観（self-construal）という概念に着目し、民族性が各コントロール志向に影響を与えるプロセスにおいて、文化的自己観が媒介しているというモデルを考えた。文化的自己観とは Markus & Kitayama（1991）によって提唱された考えで、人間は2つの自己観（自分に対する考え方）を持つとされる。1つ目の相互独立的自己観とは自己が周囲や他者からは独立した存在であるとの見方であり、2つ目の相互協調的自己観とは自己は周囲や他者と結びついていて切り離せないとの見方を指す。Markus & Kitayama の文化的自己観のモデルは非常に有名で、おそらく文化心理学で最も頻繁に引用されているといっても過言ではない。Lam & Zane の研究に話を戻すと、民族性が各コントロール志向を規定するプロセスの間に文化的自己観が媒介し、一次的コントロール志向に対しては相互独立的自己観が媒介しており、その一方で二次的コントロール志向に対しては相互協調的自己観が媒介しているというモデルを考え、データ分析によって概ねそのモデルが示されたのである（ただし厳密な話をすると、因果関係までは言えない）。

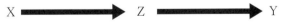

X ➡ Z ➡ Y

図2　二者の関係における媒介変数の存在

　他にも、先ほど紹介した著者らのコントロールに関する研究においても、細分化が実施された（Sawaumi et al., 2015）。夜遅くまで騒がしいアパートの隣人のストーリーを再度思い出してほしい。その隣人に対して、一次的コントロールとして想定されうるのは、正確に表記すると「相手の行動を変える」という方略である。大半の先行研究では、それを実行するにあたり、問題となっている隣人に対して直接的に物申すといった行動しか取り上げられていなかっ

た。これを著者らの論文では個人直接コントロール（direct personal control）と名付けた。しかし、これ以外の方法によって相手の行動を変えることはできないだろうか。例えば、隣人と会ったときに「最近、夜に寝付けなくて寝不足なのです」と伝え、その人に自分が問題行動を起こしていることを自覚してもらうことも可能ではないだろうか（個人間接コントロール：indirect personal control）。また、アパートの大家さんや管理会社に、現在起こっている問題を報告して、その人たちに対処してもらう、ということも可能だろう（代理コントロール：proxy control）。さらに、アパートで同じように困っている人を集めて、複数人で問題となっている隣人に注意したり（集団直接コントロール：direct collective control）、もしくはその隣人も含めてマナーについて話し合って察してもらったりすることも可能であろう（集団間接コントロール：indirect collective control）。以上のように、一次的コントロールと一口に言っても、その概念の中には多様な方略が実際には含まれている。当該論文ではこのようなコントロール概念の細分化を提案し、さらにその細分化が妥当であることもデータ分析により明らかにした。

　ちなみに、話は戻るが、セルフ・ハンディキャッピングという現象は、著者が進路を変更するきっかけとなったものである。もともと著者は理系専攻で、数学の教師になりたいと大学一年生の頃に思っていた。しかし、その時に受講した社会心理学系の授業でセルフ・ハンディキャッピングが紹介され、感銘を受けたのである。普段何気なく感じていたり実行していたりしたことが理論として体系的にまとめられていて、それを初めて知った時に強く興奮したのをまだ鮮明に覚えている。どの授業にどういった宝が埋もれているかはわからないものだ。

3．先行研究を統合する研究

　3つ目の研究の種類は、個々の研究をまとめて、そこから何か結論を導き出すような検討である。高名な雑誌を読んでいると、素晴らしい論文というのはそれはそれで1つの洗練された作品のように思えてくることも少なくない。もちろん、そこで示された結果は疑いようのない事実であるが、似たようなテーマを扱った論文が他にないかと検索してみると、意外と似たテーマでの検討が既に行われているものである（もちろん完全に同一の研究参加者や実験材料であることはないはずだが）。それらをあるテーマについての研究群と呼ぶことにしよう。その研究群の中には、特定の傾向を示す研究もあれば、同様の傾向を示さない研究も観測されうる。このような時にどう解釈するのが妥当なのだろうか。どちらが正しいと判断すればよいのか、悩ましいところである。そこで登場するのが先行研究を統合するという手法である。先行研究を統合するためには、あるテーマについて特定の基準を設け、これまでに発表された論文や学会発表を調べ尽くしてその基準を満たす研究をできるだけ多く収集し、それらの原稿を隅から隅まで熟読し、重要な結果を記録する。そのデータを統合して、設定したテーマについてどのような結論になるのかを導き出すのである。

　再びコントロールの話になるが、Morling & Evered（2006）は二次的コントロールに着目し、二次的コントロールについての研究群を集め、このタイプの研究を実施している。Morling & Evered は先行研究を統合するのみならず、二次的コントロールは2種類に分割して考えるべきであるという主張を導いている。二次的コントロールは端的に言えば自分を変えることであるが、その研究によると、どのような目的に基づいて二次的コントロールが取られたのかを考えるべきで、二次的コントロールがコントロール焦点型（control-focused secondary control）および適合焦点型（fit-focused secondary control）に二分されている。前者は、あくまでも一次的コントロールの補佐的な役割を果たすものとして位置づけられているのに対し、後者は、自己と環境の適合度を上げることが目標となっていて、環境に適応するための方略として位置づけられている。この研究は、読者のみなさんには少しわかりづらかったかもしれないが、要するに Morling & Evered は二次的コントロールに関連する研究をたくさん集めて統合し、新しい提案をしているのである。ただし、この論文に対して批判がなかったわけではなく、詳細は Skinner（2007）を参照されたい。

　次にメタ分析という手法を紹介する。著者が大学院生の時に、当時の指導教官が主導する自尊心のメタ分析のプロジェクトに関わったことがある（Yamaguchi et al., 2009）。自尊心とは先述の通り、自分に対する肯定的な態度や見方を意味する。欧米の人々にとって自尊心を高く維持していることは重要なことであると言われている一方、日本人にとって自尊心は重要なものではないという主張がなされてきた（Heine et al., 1999）。しかし、我々の研究グループでは、日本人にとっても自尊心は日々の生活を進める上で大切なものであるという主張を示すべく、日本人の自尊心が測定された研究（論文、学会発表など）を1000件程度も収集し、研究グループで手分けしてコーディングした。コーディングにおいては、各研究で報告されている参加者数や統計的数値をデータに打ち込んでいくという果てしない作業を進めていった。膨大なデータを分析した結果、日本人にとっても自尊心は精神的健康に望ましいという関連性（例えば、抑うつの低さ、不安の低さ、心理的な良好状態）が示された。つまり、多数の先行研究を統合することで、日本人にとっても自尊心は重要なものだという強い主張が可能となったのである。

　先行研究を統合するというのは、非常に骨の折れる作業であり、1つの統合研究を仕上げるだけでも膨大な時間や労力が必要とさ

れる。しかし、その分、研究の世界に与えるインパクトは莫大であり、ある分野の専門家になりたいという人がいたらチャレンジしてみることをお勧めする。

4．先行研究にないものを提案する研究

　4つ目の研究は、これまでにアカデミックの場面では検討されてこなかったものを研究の俎上に載せるという試みである。これまでに観察された行動に対して新しい名前をつけるような研究もあれば、ここ数年で耳にするようになった新しい言葉を研究対象としても良い。しかし、このタイプの研究をやる際に気を付けなければいけないのは、先行研究との関連性を十分に示すことが重要である。もちろんスタートは個人の興味関心から始まるものでいいと思うが、そこで取り上げる概念が果たしてこれまでの先行研究とどう関連しているのか、また、新しくその概念を提案することで、研究の世界にどのような貢献を果たすのか、といった点を示さねばなるまい。そうでないと、ただの個人の趣味で新しいものを調べてみたにすぎない。

　ここで、世界的に広まった例を1つ挙げる。英語で Procrastination という言葉を聞いたことはないだろうか。この英単語は、課題や物事をすぐに片付けずに後回しにすることを指す。著者も大学生の頃は先延ばしをよくしていて、レポート提出締切や試験の間近になって急にやる気を出して課題や学習を終わらせたという苦い経験がある。それはさておき、Procrastination という単語と全く逆の概念が近年提唱されて学術的に検討された。それは Pre-crastination という概念で、タスクをできるだけ早く終わらせようとする傾向のことを指す。興味深いのは、たとえ Pre-crastination を実行する際に、身体的な労力が余分に追加されたとしても、可能な限り早くタスクに取り組みたいと考える人間が一定数いることである。これが学術

的に初めて実証されたのは、Psychological Science という高名な雑誌に掲載された1つの研究論文によってである（Rosenbaum, Gong, & Potts, 2014）。この論文の中では、類似概念との対比などが厳密に提示され、新しく提案された Pre-crastination という概念が学術的にどういった意義を持つのかがしっかりと述べられている。そのため、学術的および社会的にも意味のある研究とみなされ、その論文が掲載された後に Pre-crastination という現象が新聞で紹介されたりと着目を浴びた（例えば The New York Times, 2019）。

　著者が関わった研究の中には、「いじり」という概念を扱ったものもある。人をいじるとはどういうことを指すのだろうか。もともとは指などで物理的に影響を与えることを指していたが、最近では芸人が行ういじりのように、からかいに近いようなニュアンスを持っていると思われているようだ。いじりを学術的に検討した先行研究はこれまでにほぼ行われておらず、2017年に我々が発表した論文は、おそらく心理学系の査読付き雑誌で初めて「いじり」という語を題目に含んだものと思われる（望月・澤海・瀧澤・吉澤, 2017）。そこで報告された研究では、いじり、からかい、いじめといった互いに類似した行為間で、どのように異なる特徴が見られるのかを検討した。大学生を対象に調査を実施した結果、例えばいじりという行為は他の2行為に比べて、相手と仲良くなりたいという動機が強く感じられたり、あまり悪意が感じられなかったりするようだ。ただ、いまだにいじりは学術的に確立された心理学的構成概念とはいえず、今後の研究が待たれる。

　ちなみに、いじり研究をともに進めている共同研究者たちとはふとしたきっかけで知り合った。まず、たまたま1人の研究者と日本の学会のポスター発表で知り合い、意気投合した。そして2人の共通の興味関心であった「言語」をベースとして、言語についての研究会を実施しようという結論に至り、メンバーの募集を行っ

た。2人で協力して、ある心理学系の学会の会報に「言語に関する研究会のメンバー募集」というタイトルで新しいメンバーを募集したのである。その学会の規模は小さくなく、会報というと学会の会員全員が見られるものであるため、当時は非常に大胆なことができたなと改めて思う。その勇気が実り、さらにメンバーが2人加わり、現在のようにいじりを中心とした研究を共同で進めることになった。どんなところに大きな出会いが待ち構えているかはわからないものだ。読者のみなさんも日ごろ、何気ないところに出会いのチャンスがあることを心に留めていただきたい。

5．先行研究を実践する研究

5つ目の研究は、新しい発見をするというよりも、これまでに提案されている理論を実際に試してみるという性格を持つ。理論と実践がよく対比されるように、心理学での理論を実際に人間を相手に確かめてみると、理論通りの結果が得られないことも少なくない。したがって、理論を生身の人間に適用し、予測される結果が本当に得られるかどうかを調べる必要があるだろう。

例えば、教育場面を考えてほしい。教育心理学では様々な理論が提唱されているが、その理論はどの生徒・学生にとっても当てはまるものなのだろうか。教育心理学では適性処遇交互作用という考えがある。その考えに基づくと、様々な教育の教授効果は学習者の適性によって異なってくるという（Cronbach & Webb, 1975）。英語教育の場面であれば、こつこつと一人で単語帳によってボキャブラリーを増やしたり、文法書を眺めて正しい文法を学んだりすることが好きな学習者もいれば、細かい間違いはあまり気にせずにとりあえず文意が伝わればよいという考えを持って会話を重視する学習者もいるであろう。この2つのタイプの学習者に、同様の教育を行うべきではないことは明らかだろう。したがって、先行研究を様々

な状況や対象者で実践する必要性がうかがわれる。

　話を心理学に戻し、先述の IAT という測定法をここで紹介する。
IAT というのはもともと Greenwald, McGhee, & Schwartz（1998）に
よって開発された、非常にユニークな心理測定法である。IAT の中
にもバリエーションが存在するが、本稿では著者も利用したことの
あるシャイネス IAT を紹介する。シャイネス IAT が初めて提案さ
れたのは Asendorpf, Banse, & Mücke（2002）によってであり、その
論文が発表された当時は英語版しか手に入らなかった。その日本語
版を作成したのが相川・藤井（2011）であり、英語版のシャイネス
IAT をできるだけ忠実に日本語に訳し、日本語として不自然なとこ
ろは工夫を凝らし、日本人が取り組むことのできる日本語版シャイ
ネス IAT を作成した。IAT は基本的にはパソコンで行い、次々と画
面の中央に表示される単語を右か左のどちらかのカテゴリーに分類
する課題で、その課題における反応時間が測定される。図3にシャ
イネス IAT の実施の様子を示した。図3の左では「控えめな」とい
う単語が表示されていて、この単語は「シャイな」カテゴリーに属
するため、左に割り当てられたキーを押して反応する（例えばキー
ボードのＦキー）。次に「知り合い」という語が表示されたのであれ
ば、「他者」カテゴリーに属するので、右に割り当てられたキーを
押して反応する（例えばキーボードのＪキー）。このような反応をで
きるだけ速く、かつ正確に行うのである。そして反応時間が測定さ
れる。別の課題では、図3の右のように「自己」カテゴリーと「他
者」カテゴリーが入れ替わり、カテゴリーの組み合わせが変わって
いる。この2種類の課題での反応時間が測定され、その差が、人が
意識できないシャイネスと定義される。なぜこのように計算される
のかというと、普段から自己とシャイネスを頭の中で結び付けてい
る人ほど、右の課題に比べて左の課題のほうがやりやすいという想
定があるのだ。言い換えれば、そのような人ほど右の課題での反応

時間よりも、左の課題の反応時間の方が短くなるであろう。相川・藤井は日本語版シャイネス IAT の妥当性を示し、シャイネス IAT が英語以外の言語でも使用可能であることを示したのである。その後、日本で行われた複数の研究においても、シャイネス IAT が使用されることとなった。

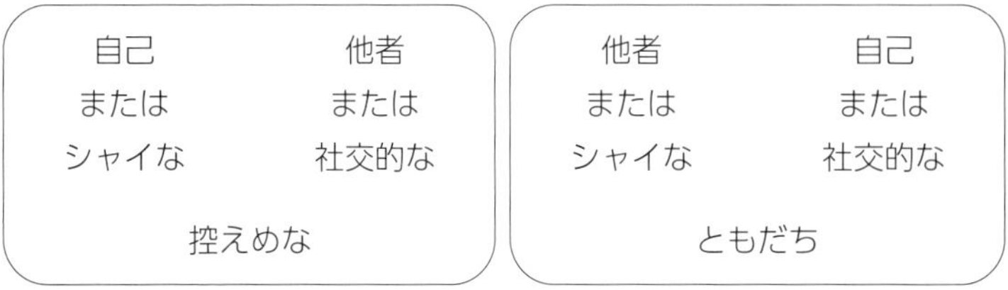

図3　シャイネス IAT
（左右の課題の反応時間を比較してシャイネスの得点とする）

　心理学からは少し逸れるが、著者が他の研究者と共に関わってきた英語教育の研究を紹介する（詳しくは、岡田・澤海・いとう, 2018 を参照のこと）。共同研究者の岡田氏は英語教育に長い間携わり、主にスピーチの指導を心掛けてきた。学生がスピーチしている様子をビデオカメラで録画し、その動画を学習者と共に観察し、どのような気づきや動機づけへの効果が得られるかを研究している。学習者自身のスピーチの様子を録画して自分たちで観察することもあれば、過去の受講生のスピーチを録画しておいたものを観察するという教授法も採用している。これはいわば、教育現場におけるテクノロジーの活用に関する理論を実践したような研究であるといえよう。これまでに出た結論を簡単にまとめると、基本的には、スピーチ動画を観察することで学習者は動機づけられるが、学習者の適性に合わせて動画を丁寧に選択しなければならない。例えば、英語力の低い学習者にいきなりネイティブスピーカーに近いレベルのスピーチを見せても、それは授業期間では達成不可能な目標を見せて

いることになり、動機づけを高める効果は弱い。むしろ、ネイティブスピーカーより英語力は劣るものの、学習者よりも少し英語力の高い、学習者が達成可能な目標を見せることで、学習者はより動機づけられる。

　英語教育のような文脈では個人差が大きいであろうが、もちろん心理学においても同様である。この5つ目の研究は、理論を実践に移すような研究であり、もしかしたら新鮮味がないと感じるかもしれない。しかし、理論が現実場面で具現化されないとなれば、それは理論の修正を必要とするだろうし、現実場面で理論と一致したパターンが見られるかを確認する重要性は否めないであろう。

6. 先行研究を再現する研究

　最後の研究は、先行研究で得られた結果が再度別の参加者においても観察されるかどうかを見るものである。一見、このような試みは意味がないと思う人がいるかもしれない。しかし、心理学というのは人の心を扱っている以上、世界中の人々に対して100%正しいといえる理論は存在しない。どのような優れた理論であっても例外はつきものであり、同じ傾向が再現されるかを検討することは非常に重要な試みであるといえる。研究というのは多くの場合、限られた参加者や資料、実験材料や調査票に頼らざるを得ない。仮に同じ研究デザインであったとしても異なる参加者や異なる言葉遣いを含んだ研究であれば、結果が変わる可能性は低くないだろう。

　心理学では従来から多くの理論が提示されてきたが、1つ分かりやすい例を挙げよう。記憶の系列位置効果という現象について実例を用いて紹介する。人間の記憶はどのようなメカニズムで働いているのであろうか。Murdock（1962）やPostman & Phillips（1965）によると、自由再生法という記憶に関する実験を行ったところ、人間は最初の方の事柄および最近の方の事柄をよく覚えているとのこ

とである。自由再生法では、まず実験参加者に連続して単語などの刺激を提示する。実験参加者はそれをよく見てできる限りたくさん覚える。そして、単語の提示が終わったら、自由な順番で思い出して書き出していく。そして、書き出した単語が実際に提示されたかどうかを確認し、正答率を算出する。すると面白いことに、最初の方に提示された単語および最後の方に提示された単語の正答率が高い傾向が出るのである（これをそれぞれ初頭効果、新近性効果という）。この結果を説明するために、以下のようなモデルが想定される。人間の記憶は短期記憶と長期記憶という2種類があり、どうやら2つの倉庫のようなものから構成されているという。短期貯蔵庫といって、比較的短い時間だけ記憶を蓄えていられるスペースが頭の中にある一方、もう1種は長期貯蔵庫といって、さらに長い時間、記憶を蓄えていられるスペースも存在する。前者は用が済めばすぐに忘れてしまうようなものである。例えば、本学ではC-Learningというスマートフォンを用いた出席登録システムが利用されており、授業担当教員が授業の間に4桁の番号を学生に伝え、その番号を学生にスマートフォンで入力してもらい、出席を登録することとなっている。このような4桁の番号は、用件が終わればおそらくすぐに忘れてしまうであろう。これが短期記憶の例である。一方、長期記憶というのは、例えば自分の名前であったり、家族の名前であったり、家族の誕生日であったり（たまに忘れることもあるが）と、人生を通して基本的には忘れにくいようなものである。

　著者はある大学で担当する心理学の講義にて、記憶の系列位置効果の実験を実施しているが、非常に頑健な結果がこれまでに得られている。2011年から2019年執筆現在までその大学で同じ講義を担当しているが、その間ほぼすべてのクラスで記憶の系列位置効果が確認されている。つまり、どのクラスであっても、基本的には先

行研究と同じようなパターンが観測されているのである。こうなると、記憶の系列位置効果という現象は、正しいといってもいいかもしれない。ただ、理論や現象が「正しい」という言葉遣いは心理学では使うべきではない。なぜならば、これまでの担当クラスの中にも、先行研究とは一致しない結果を出す個人も存在していたためである。いずれにせよ、再現可能性が非常に高い現象といえよう。

　その一方で、同じ大学で担当する講義では、別の心理学実験も実施している。その中には、先行研究の結果があまり再現されないようなものも含まれている。そう考えていくと、先行研究で示されている結果を鵜呑みにしてはいけない。同じようなパターンが得られるかどうかを再確認する必要性が高いことを読者のみなさんが理解できたのであれば幸いである。

　ちなみに、Pre-registration という手続きが最近の心理学で盛んに行われている。どういうことかというと、研究者がある研究を再現しようとする際に、研究を事前登録するのである。実際にデータを収集し始める前に、研究結果の予測やデータ収集の方法、データ分析のやり方などを事前に登録しておくのである。このように登録することで、たとえどのような結果が出ようと、事前に登録を済ませた雑誌に論文を掲載できることを確約できるシステムである。日本においても少しずつではあるが、先行研究を追試する必要性が認識され始めているように感じる。

まとめ

　さて、どうだろうか。著者の主観で研究を6種類に分けてみたが、そこまで難しいという印象を持たなかったのではないだろうか。ぜひとも読者のみなさんには、研究を難しいものと思わず、気

軽に取り組んでいってほしいと思う。ただし、気軽に取り組むこととといい加減に取り組むこととは全く違う。気軽に取り組むというのは、最初のステップを踏むときに心構えを重くしすぎないことである。

　最後に、著者は量的研究（主に数値を扱う研究）を専門とする心理学者であるため、質的研究（主に数値ではない、文字などを扱う研究）は特に念頭に置いていなかった。もちろん質的研究には質的研究の良さがあり、質的研究なりの作法や研究法があるので、興味のある読者は質的研究の入門書を参照されたい（例えば、サトウ・春日・神崎, 2019）。

引用文献

相川　充・藤井　勉（2011）. 潜在連合テスト（IAT）を用いた潜在的シャイネス測定の試み　心理学研究, *82*, 41-48.

Alicke, M. D., Klotz, M. L., Breitenbecher, D. L., Yurak, T. J., & Vredenburg, D. S.（1991）. Personal contact, individuation, and the better-than-average effect. *Journal of Personality and Social Psychology*, *68*, 804-825.

朝日新聞社（2007）. 日本人の自尊心米国人並み　2007年6月15日朝刊, 34.

Asendorpf, J. B., Banse, R., & Mücke, D.（2002）. Double dissociation between implicit and explicit personality self-concept: The case of shy behavior. *Journal of Personality and Social Psychology*, *83*, 380-393.

Cronbach, L. J., & Webb, N.（1975）. Between-class and within-class effects in a reported aptitude x treatment interaction: Reanalysis of a study by G. L. Anderson. *Journal of Educational Psychology*, *67*, 717-724.

Greenwald, A. G., McGhee, D. E., & Schwartz, J. L. K.（1998）. Measuring individual differences in implicit cognition: The Implicit Association Test. *Journal of Personality and Social Psychology*, *74*, 1464-1480.

Heine, S. J., Lehman, D. R., Markus, H. R., & Kitayama, S.（1999）. Is there a universal need for positive self-regard? *Psychological Review*, *106*, 766-794.

伊藤 忠弘（1991）. セルフ・ハンディキャッピングの研究動向　東京大学教育学部紀要, *31*, 153-162.

伊藤 忠弘（1993）. セルフ・ハンディキャッピングの状況的規定因に関する研

究　実験社会心理学研究, *33*, 41-51.

伊藤　忠弘（1999）．社会的比較における自己高揚傾向──平均以上効果の検討── 心理学研究, *70*, 367-374.

Jones, E. E., & Berglas, S. (1978). Control of attributions about the self through self-handicapping strategies: The appeal of alcohol and the role of underachievement. *Personality and Social Psychology Bulletin*, *4*, 200-206.

Ladik, D. M., & Stewart, D. W. (2008). The contribution continuum. *Journal of the Academy of Marketing Science*, *36*, 157-165.

Lam, A. G., & Zane, N. W. S. (2004). Ethnic differences in coping with interpersonal stressors: A test of self-construals as cultural mediators. *Journal of Cross-Cultural Psychology*, *35*, 446-459.

Markus, H. R., & Kitayama, S. (1991). Culture and the self: Implications for cognition, emotion, and motivation. *Psychological Review*, *98*, 224-253.

望月　正哉・澤海　崇文・瀧澤　純・吉澤　英里（2017）．「からかい」や「いじめ」と比較した「いじり」の特徴　対人社会心理学研究, *17*, 7-13.

Morling, B., & Evered, S. (2006). Secondary control reviewed and defined. *Psychological Bulletin*, *132*, 269-296.

Murdock, B. B. Jr. (1962). The serial position effect of free recall. *Journal of Experimental Psychology*, *64*, 482-488.

岡田　靖子・澤海　崇文・いとう　たけひこ（2018）．英語授業におけるビデオ映像を活用したアクティブラーニング―展望論文―　外国語教育メディア学会関東支部研究紀要, *2*, 23-37.

Postman, L., & Phillips, L. W. (1965). Short-term temporal changes in free recall. *Quarterly Journal of Experimental Psychology*, *17*, 132-138.

Rosenbaum, D. A., Gong, L., & Potts, C. A. (2014). Pre-crastination: Hastening subgoal completion at the expense of extra physical effort. *Psychological Science*, *25*, 1487-1496.

サトウ　タツヤ・春日　秀朗・神崎　真実（2019）．質的研究法マッピング（ワードマッピング）　新曜社

Sawaumi, T., Yamaguchi, S., Park, J., & Robinson, A. R. (2015). Japanese control strategies regulated by urgency and interpersonal harmony: Evidence based on extended conceptual framework. *Journal of Cross-Cultural Psychology*, *46*, 252-268.

新村　出（編）（1998）．広辞苑 第五版　岩波書店

Silvia, P. J. (2015). *Write it up: Practical strategies for writing and publishing journal articles*. Washington DC: American Psychological Association.

Skinner, E. A. (2007). Secondary control critiqued: Is it secondary? Is it control? Comment on Morling and Evered (2006). *Psychological Bulletin, 133*, 911-916.

The New York Times (2019). Precrastination: When the early bird gets the shaft. Retrieved from https://www.nytimes.com/2019/03/25/smarter-living/precrastination-when-the-early-bi rd-gets-the-shaft.html (November 30, 2019)

Weisz, J. R., Rothbaum, F. M., & Blackburn, T. C. (1984). Standing out and standing in: The psychology of control in America and Japan. *American Psychologist, 39*, 955-969.

Yamaguchi, S., Greenwald, A. G., Banaji, M. R., Murakami, F., Chen, D., Shiomura, K., Kobayashi, C., Cai, H., & Krendl, A. (2007). Apparent universality of positive implicit self-esteem. *Psychological Science, 18*, 498-500.

Yamaguchi, S., Morio, H., Okumura, T., Lin, C., Yagi, Y., Sawaumi, T., Fukuzawa, A., Lee, J., Nagashima, Y., & Sugiyama, Y. (2009, August). Functional equivalence of self-esteem in Japanese culture. In S. Yamaguchi (Chair), *Self-esteem in Japanese culture: Fact or fiction*. Symposium conducted at the 6th biennial conference of International Academy for Intercultural Research, Manoa, Hawaii, pp. 34-35.

アンケート調査主体での卒論の提案

—心理学も勉強したことを活かして卒論を書くために—

高口　央

目　次

はじめに

　本稿では、卒論として、研究を展開するモデル例を紹介していきたい。以降では、いくつかのテーマを取り上げ、先行研究の論文等を紹介しながら追試的に行う実験案を、心理学のレポートの基本構成である、問題（序論）・方法・結果・考察の構成に沿いながら、紹介していく。あくまでモデルとして提示する実験案であり、紹介する先行研究から展開できる実験案は提示するもの以外にもさまざまにある。また、あくまでモデルであるため、結果の部分で方法に従い実験や調査を行った場合に得られたデータをどのように説明するかの方向性を提案する文章を書き示しているものもあるが、その結果の文章はダミーデータ（架空のもの）を例示したものとなる。（蛇足だが、ダミーデータによる架空の結果の記述であるため、「このような結果が報告されている」との本稿からの引用を、実際に卒論を書いてみる際にしてはいけません。）この結果の説明の仕方についても、示す説明の仕方に限定されるものではなく、複数の説明する道筋、別の集計や分析の方法が存在する。モデルをここで示すが、そのモデルに縛られることなく、自由な発想で、読者の学生は自身の卒業論文等の研究の際に考え、参考にしてもらいたい。

　卒業論文、卒論のテーマの設定は難しいことかもしれない。中には、あることに興味関心を持ち、明確にこんなことについて調べてみたいとテーマを持っている学生もいる。だが、実際には、卒論って何？テーマにどんなことを設定すればいいの？と悩む学生が多いように思える。卒論の書き進め方もそうだが、そもそものそのテーマ設定が難題といえる。では、どのようにテーマを設定すればいいのだろう。具体的には３つほどの方法があるでしょう。

　まずは、それまでに受けてきた授業や普段の生活の中での経験を

振り返り、興味を持てるテーマを探すことだ。もう一つは、インターネットの検索サイトを活用して、"卒業論文"と"テーマ"、そして"心理学"あるいは"社会学"といった自身が専攻する学問分野の名称をキーワードに検索することで、様々な大学で書かれた卒業論文のテーマを確認し、それらの中から興味をもてるものを探す方法である。さらに、CiNiiやJ-STAGEといった学術論文の検索サイトで、自分で思いつくいくつかのキーワードを使って資料（論文）を検索して、お手本にできるものを見つける方法である。

　この他にも、ゼミの先生に聞く、という手段もある。ただ、このやり方は先生の立場からはあまりお勧めできない。杉本（2005）も書いているが、"「聞く」ことは否定できませんが、聞かれた先生たちは「何に、どんなことに興味をもっているの？」と質問に質問を返す"ことになる。先生としては、『例えばこんなテーマに取り組んでみては』と答えることもできる。できますが、それを避けたいとも教員は考える。なぜなら、自分自身でテーマを設定することにこそ醍醐味があり、例であっても示すことは学生たちを誘導することになってしまうためです。与えられたテーマについて書くレポートとは違い、卒論は自身で設定したテーマについて書き進めるものといえる。約1年間、3年から取り組みを開始すれば1年以上の時間を割いて取り組む卒業論文だからこそ、自分自身で設定したテーマである必要がある。言われたテーマ（押し付けられたもの）に、それだけの長い時間を割くことは苦痛を感じ、途中で嫌になり逃げだしたくなってしまうからです。

　基本的に、卒論のテーマは自分で興味のあることを設定すべきです。ただ、文章として書き、まとめるからには、読者がいることも忘れてはいけません。つまり、読んでくれた人にとっても、知的興味に応えるような面白さを示せることがベストです。また、書き終えた1年後、2年後の自分にとっても、ためになるような答えを

探すテーマとできるとよりよいでしょう。私の場合、ゼミ生には、卒業後、数年後に、ふと卒論について思い出したときに、その時の友人との会話の中でこんなことに取り組んだと話してネタになるようなこと、卒論のためだけの面白みのないテーマ設定にならないようにしてほしいと伝えています。

さて、以上を前振りの文章として、以降では先述の通り、いくつかのテーマについて元ネタとする論文を取り上げながら、卒論として書き進めるモデルを4つほど示していきたい。本来、こういった文章を書く際には、引用して紹介する文献・論文を、文章の最後に紹介することが、心理学の領域では通例だが、ここでは卒論の構成も例示することを考え、各モデルのまとまりごとに"引用文献"の一覧も記載することとしていくことを、ここで断っておく。また、それぞれのモデルに（たぶん）関連する短いトピックを四角囲みで挿入していく。なお、卒論のモデルとしての例示の文章は*斜体*で記載することとする。

引用文献
杉本 敏夫（2015）．心理学のためのレポート・卒業論文の書き方．サイエンス社

身体感覚と認知についての卒論モデル

冷たいものよりも温かなものを持つことによって他者の要求をより受け入れやすくなるといった、身体感覚が判断などの認知に影響することを示した報告がある（e.g., 沼崎・松崎・埴田, 2016; 山本・菅村, 2017）。

沼崎ほか（2016）は、知覚と身体感覚との関連についての先行研

究をもとにしながら、印象形成（対人認知）についての検討を行っている。彼らは、持ったものの柔らかさといった手で感じている身体感覚が、目で見たものへの知覚にも影響するといった知見を参考に、身体感覚が対人認知に与える影響について実験的に検証した。柔らかなボール（軟式テニスボール）を握った条件と硬いボール（針金ボール）を握った条件で、男性的か女性的かの他者評価と自己評価を求めた。結果、柔らかいボールを持った場合の方が、女性的ポジティブ特性をもつ女性だという印象（対人認知・他者評価）を持ち、また、男性的ネガティブ特性をより持つと自己評価をするように変化したことが報告されていた。

　また、山本・菅村（2017）は、「心が痛む」という表現があることに触れ、身体的苦痛に伴って向社会的態度が促されるかを検証している。具体的には、ピンポン玉大に丸めたアルミホイルと食品用ラップフィルムを用意して握りながら、オンラインでの嫌がらせにどの程度「間違った行為」だと思うかといった質問などに答えてもらうという実験を行っている。結果、痛みに敏感な人ほど、嫌がらせを間違った行為だと批判的に捉える傾向にあることを見出していた。すなわち、痛みに敏感かどうかといった個人差によって、同一の出来事への評価が変化する可能性が指摘されていた。ただし、個人内で、身体感覚によって判断・評価が影響を受けるという直接的な検討ではなく、痛みを感じた場合に、そうでない場合よりも、他害的な行為を批判的に評価するというように、身体感覚によって評価・判断が影響を受けるという説明に沿うと解釈可能な報告であるといえる。山本・菅村（2017）がこの検討を『わが身をつねって人の「こころの痛み」を知れ』としていることは、個人差の検討を行っているものの、この身体感覚の違いによって認知・判断が変化することを示唆しようとしているものと考えられる。

　このように比較的に新しいこれらの研究を参考に、卒論として検

討を行うことも面白いのではないだろうか。具体的には、そのまま身体感覚によって本当に判断が影響を受け変化するのかというテーマに取り組むこと、あるいは営業職や恋愛などのコミュニケーション場面での説得状況などに応用的にこの知見を援用してテーマを設定することを考えることができるだろう。前者の場合についても、その影響を受ける認知・判断として、印象形成、イメージの作られ方に注目したテーマを設定することもできるだろう。

触れるもので判断が変わる？モデル①

問題

　遊園地やテーマパークに行くと、普段は買わないものまで、ついつい買ってしまうことがある。雰囲気や状況に流されて、普段とちがう考え方、決め方をしてしまうことがあるということだ。では、本当に、雰囲気や状況に流されてしまうことが、日常的に起こっているのだろうか。このようなことを説明する資料がないか探してみると、沼崎・松崎・埴田（2016）の研究を見つけることができた。彼らは、柔らかいボールを持った時の方が、硬いボールを持っているときよりも、自分や他人のことをより女性的だと評価してしまうということを実験に基づいて報告していた。また、山村・菅村（2017）も、硬いものを持って痛みを感じる人の方が痛みを感じにくい人に比べて、ネット上での嫌がらせ的な書き込みに、より批判的になると報告している。これらの研究は、身体的な感覚によって判断や評価、つまり人の認知が変化することを示唆している。よって、判断などの認知活動を行う際に、どのような身体的な感覚を味わっているかが影響すると考えられる。そこで、本研究では、これらの報告を参考に、実際に身体的な感覚によって判断が変化する

か、誘導可能かを検討してみたい。

　具体的には、人物への好意度判断とポロシャツの購入判断を指標として検討を行う。それぞれの判断を求める際に、クッション性の高い柔らかな座り心地の良い椅子と座り心地があまり良くない硬い椅子を用意し、どちらかの椅子に参加者に座ってもらい比較検討を行う。

　先に紹介した沼崎ら（2016）は、硬い木のブロックを触りながらの方が、柔らかな毛布を触りながら印象評定をするよりも、頑固で厳格な性格であると評定したとの報告があることを紹介している。これは柔らかさ―硬さの皮膚感覚が性格評価に影響するためであると考察されていた。

　また、いわゆるスキンシップという言葉があるように、身体的接触は対人関係において重要な意味をもつことは周知の事実である。以上のことから、柔らかさに代表されるような心地よさが、ポジティブな評価・判断を引き出すと考えられる。よって、柔らかな椅子に座った場合の方が、硬い椅子に座った場合よりも、人物を好意的に評価すると予測する（予測1）。また、硬い椅子に座った場合の方が、柔らかな椅子に座った場合よりも、硬く批判的な判断をするようになるため、購入に対して厳しく否定的になり、より安い価格での購入を選択すると予測する（予測2）。

　方法
　2つのゼミに所属する学生32名（男性22名、女性10名、平均19.7歳）に協力を得て実験を実施した。なお、柔らかい椅子条件は17名（男性11名、女性6名）、硬い椅子条件が15名（男性11名、女性4名）だった。実験は2つのゼミに協力を得て、1つのゼミを柔らかい椅子条件、もう1つのゼミで硬い椅子条件を実施した。次に説明する予測検討のための質問に加えて、回答を研究のために使用することへの同意を確認する質問をアンケート用紙に用意した。

人物評価の刺激画像については、インターネットでフリー素材を検索して20代に見える男女各2名のものを用意した。事前に複数名の男女の画像を用意して、本実験に参加しない自身が所属するゼミの仲間に好意度評価を行ってもらい同程度の好意度であることを確認できた画像を用いることとした。この刺激画像（写真）を見てもらい、「写真の人物について、どのような印象を持つか次の選択肢から一つを選んで答えてください。」との質問に対して、「とても冷たそう（1点）〜とても優しそう（6点）」「話かけにくい（1点）〜話しかけやすい（6点）」の2つの選択肢を用意し、それぞれに回答してもらった。

　次に、購入判断については、ポロシャツの写真を用意して、「この写真のポロシャツをいくらまでなら買いますか」という質問に「¥990（1点）」「¥1990（2点）」「¥2990（3点）」「¥3990（4点）」「¥4990（5点）」「¥5990（6点）」の選択肢から一つを選んで回答してもらった。

　実験は、参加者ごとに机と椅子を用意して、上記の質問を印刷したアンケート用紙を配布して実施した。ただし、柔らかい椅子条件では、クッションを2つ用意し、一つを座面に敷いて座ってもらい、またもう一つを抱きかかえて、上記の2つの質問に回答してもらった。硬い椅子条件では、クッションを用意せず、普通の硬い椅子に座って質問に回答してもらった。

　結果

　まず、刺激画像の人物への評価の平均点を、「優しそう」と「話しかけやすい」の質問内容ごとに算出した。これらの平均点について予測を検討するため、条件間の差を比較する t 検定を実施した。その結果、「優しそう」と「話しかけやい」の両方で、柔らかい椅子条件の方が硬い椅子条件よりも、好意的に評価されていた（優し

そう5.12>3.87, t(29)=3.97, p<.001; 話しかけやすい4.76>3.73, t(27)=3.94, p<.001)。この結果は予測1を支持するものであった。

　次に、購入判断について同様に実験条件間の差を比較するt検定を実施した。結果、条件間で有意な差は認められず、予測2は支持されなかった (2.59≒2.47, t(30)=0.43, ns.)。

考察

　予測1を支持する結果が認められ、柔らかさについての皮膚感覚によって人物評価という判断が影響を受けることを確認することができた。ただし、予測2は支持されず、購入判断については皮膚感覚の影響を受けることを示すことができなかった。ただし、得点としては、わずかな違いではあるが柔らかい椅子の場合よりも硬い椅子の条件の方が低い平均点となっており、厳しい評価を下す方向にあったともいえるだろう。今回、ポロシャツの価格として、1000円ごとの差で選択肢を用意して回答をお願いした。ユニクロのHPで確認するとポロシャツの価格は、安いもので¥990、あるいは¥1990や¥2990の商品があることを確認できる。得点としても2点台と、¥1990ないし¥2990を多くの参加者が選択していた（それぞれ38%と44%）。6つの選択肢を用意していたものの、相場として多くの参加者に¥2000前後という感覚があり、¥4990や¥5990といった選択肢が意味をなさなかったことが考えられる。結果として、皮膚感覚による影響の結果が認められにくかったのかもしれない。つまり、例えば¥500刻みで選択肢を用意するといった方法、あるいは金額を示すのではなく買いたいと「思わない（1点）」〜「思う（5点）」のような積極性を聞くような方法といった改善を行うことが考えられる。

　いずれにしても、予測2は支持されなかったが、予測1は参考とした先行研究と一致する結果が認められ支持された。予測2に

関しても、硬い椅子の場合により高い価格でも購入しようとすると
いった予測と対立するような結果が認められたわけではない。これ
らのことから、皮膚感覚によって判断が影響されるという現象が起
こり得ることをこの実験においても確認できたといえる。このこと
は、人物評価、ある事柄への判断に直接的に関係しないように思え
る判断時の身体的な状況をどのように設定するかが、判断を左右す
ることを示すといえるだろう。柔らかな椅子に座ってもらい対話を
することが、相手からの柔らかな優しい判断、反応・行動を引き出
す作戦となると言えるのではないだろうか。

引用文献

沼崎 誠・松崎 圭佑・埴田 健司 (2016).　持つものの柔らかさ・硬さによって
　　生じる皮膚感覚が対人認知と自己認知に及ぼす効果.　実験社会心理学研
　　究, 55, 119-129.
山村 佑実・菅村 玄二 (2017).　我が身をつねって人の「心の痛み」を知れ：
　　自己の身体的苦痛の感受性と他者の心理的苦痛の推論との関連性.　認知科
　　学, 24, 457-466.

　　上記の文章は、あくまでモデルとしてのものである。参加者の男
女別を含めた人数、年齢、結果で示した得点も、ダミーのものであ
る。平均値や、ｔ値といった数値の示し方を例示するために架空の
数値を用意した。実際に実験を行った場合に、このモデル文章のよ
うな結果を確認できるかは神のみぞ知る。ただし、参考として示し
た論文の知見に基づいて、(多少の強引な論理展開はあるが) 予測を
提示して、その予測を確認するための方法の提案とその後の結果と
して確認できるであろう数値を表現している。論文の知見に基づい
ているため、近しい結果が得られるのではないかと考えられる (だ
からこそその予測である)。

　　以降で示すモデルも同様だが、文章の書き方・内容も参考にし

トピック1：「予想」「予測」「仮説」という言葉

　「予想」「予測」「仮説」という類似する言葉がある。論文を書く上で、この3つの言葉の意味を知り、選択して使ってほしい。「予想」とは、予め想うことであり、自身の経験などから、なんとなく特別な理由・根拠はないがそうなるのではないかと前もって考える可能性を表現する言葉である。「予測」とは、想うではなく測るという漢字を使った言葉であり、他者に伝え、"説明できる"自分なりの理由・根拠をもとにして、きっとこうなると前もって考えた可能性を表現する言葉である。予想と予測には、説明できる理由・根拠があるかどうかの違いがある。そして、「仮説」とは、仮の説（明）であり、他人の説明、論文等の資料に基づく理由・根拠から導いた考え・可能性を表現する。卒業論文では、予想ではなく、きちんと自身の考えを論じて"予測"を検討する文章を書くことを目指してほしい。

てほしい。「問題」としての書き出しでは、まずは自身の経験や周囲の出来事などを書き示して、取り組むテーマ・疑問を書いてほしい。その上で、それに関連すると思える参考資料で書かれている説明を紹介する。その紹介（引用）した説明をもとに、自分なりに疑問の答えを導き表現する。これが予測となる。

　実験や調査を実施しても、モデルの文章で書いているように、必ずしも予測を支持する結果が認められないことがある。むしろ、多い。ただし、かえって支持しない結果が得られた場合の方が面白い（ともいえる）。実験・調査の方法（やり方）が間違っていたのか、あるいは予測を導く考え方に強引さや誤りがあったのか、気が付いていなかった視点・観点で考えるべきなのか、なぜ支持されなかったのかを考えることで、設定したテーマについてより深く考えることができるチャンスとして前向きに捉えてほしい。

好きな人が近くにいると集中力が高まる？！モデル②

問題

スポーツの試合、何かの発表などの際に、好きな人が見てくれ
ている、応援してくれているといった状況では、普段以上に頑張
れるといった経験はないだろうか。松本・山岸（2014）は、恋愛に
価値をおいている者の方が恋愛対象からの影響を受けて競技成績が
上がると予期したこと、別れた相手や以前に付き合っていた相手で
はなく片想いの相手と試合後に会えるという状況の場合に競技で好
成績を収められると考えることを報告している。また、高見・西田
（2017）は、一般大学生についての先行研究での知見も基に、大学
運動部員の彼・彼女がいる割合はあまり高くないが、男女ともに非
レギュラーよりもレギュラーの方が恋愛関係を有している割合が多
いことを確認できたと報告し、恋愛が競技生活を充実させるプラス
要因になると考察している。よって、松本・山岸（2014）や高見・
西田（2017）の知見からも、好きな対象から見守られることがト
レーニングも含めたスポーツ場面でプラスの効果を持つ可能性を考
えることができる。

また、沼崎・松崎・埴田（2016）は、柔らかいボールを持った時
の方が、硬いボールを持っているときよりも、自分や他人のことを
より女性的だと評価してしまうということを実験に基づいて報告し
ていた。この報告は、一件、無関係に思える知覚が、別の認知活動
や行動に影響することを示していると理解することもできるだろ
う。

このような示唆を踏まえれば、好きな対象の存在を意識すること
が、直接的には結びつかないものだが、トレーニングなどの作業を
向上させる効果を持ち得ると予測することができる。では、この予

測をどのような方法で検証することができるだろうか。様々な方法があり得ると思うが、一つの方策として、好きな異性の写真を見ながら（見守られる状況を再現して）トレーニングする状況と、そのような写真などを用意せずにトレーニングする状況とを比較してみることがあり得るのではないだろうか。トレーニングの効果を量的な違いとして確認するために、3分間でダンベルを上げる回数、3分間でトラックを走る周回数、といった方法も考えられるが、ここでは3分間で行う腹筋の回数を指標にして検討を行う。つまり、好きな異性の写真を用意した場合の方が、用意しない場合よりも、腹筋の回数を多く行うことができる（予測）。

方法

　運動部の学生23名（男性13名、女性10名、平均20.3歳）を対象に実験を行う。普段の部活動のトレーニングの一環として腹筋を行っている部員に協力を求める。承諾を得て、普段のトレーニング時の各部員の腹筋回数（3分間5セットの平均）を報告してもらい、好きな異性の写真を用意しない条件の回数として用いる（統制条件）。この統制条件とする腹筋回数については、次に説明する実験条件の前の週のトレーニング日の記録とする。直近の回数とすることで、トレーニングによる筋力の変化に伴う影響ではなく、写真の提示という実験操作による効果の有無を検討することを狙う。また、好きな異性のアイドルを挙げてもらい、そのアイドルの写真を用意し、腹筋をする際に見てもらいながら回数を計測する条件（3分間5セット）を実施する（実験条件）。写真については、インターネットのサイトで事前に検索し、十分に見やすい大きさを意図してA4

サイズの用紙に印刷しておく。なお、写真については、腹筋をして顔・上体を上げた際に見える位置に提示することとした。

結果

　予測を検討するため、実験条件と統制条件での腹筋回数の比較を行う。加えて、検討点としては挙げていないが、参加者の性別についても探索的に比較検討を行う条件とする。

　まず、実験条件と統制条件の腹筋回数を比較する t 検定を実施した。その結果、実験条件（平均125.9回）の方が統制条件（平均121.4回）よりも腹筋回数が多い傾向にあった（t（23）=1.87, p<.08）。この結果は予測を支持するものであった。

　次に、性別による違いがあるかを探索的に検討した。まず、男女での腹筋回数にそもそもの差があるかを確認するため、統制条件の腹筋回数について男女の比較を行った。その結果、男子学生（132.1回）の方が女子学生（106.9回）よりも、有意に腹筋回数が多かった（t(21)=2.97, p<.01）。同様に、実験条件の腹筋回数についても確認したところ、同じ差が認められた（男子学生139.1回、女子学生108.0回；t(15)=4.46, p<.001）。次に、男女別で、実験条件と統制条件の比較を行った。女子学生においては、実験条件（108.0回）と統制条件（106.9回）で有意な差は認められなかった（t(9)=.64, ns.）。一方、男子学生においては、実験条件（139.1回）の方が統制条件（132.1回）よりも、腹筋回数が多い傾向が認められた（t(12)=1.79, p<.10）。この結果は、男子学生においてのみ予測を支持する結果が認められたことを意味する。

考察

　結果で示したように、概ね予測を支持する結果を確認することができた。松本・山岸（2014）や高見・西田（2017）の知見に沿うように、気になる異性を認識することによって行動が変化した。この行動の変化は、気になる異性を観ることによって生じたモチベーションの差によってもたらされたと考えることもできるだろう。

　ただし、実験参加者に対して、そのモチベーションの差が生じていたかを問う質問をしていなかったことや好意を特別に持たないような対象の目（写真）を用意した条件を設定しなかったことは、この実験の不備ともいえる。だが、気になる異性の目（写真）を意識することによって行動が変化する可能性を確認できたことは有意義だと考える。実際、統制条件としたアイドルの写真を用意しなかったトレーニング場面でも、周囲には他の部員が存在する状況であった。このことは単に誰かが近くにいる、誰かの目があるということだけではなく、その対象が好意を向ける対象であることが、行動の違いを生じさせるポイントになると説明することを許すと考える。

　また、今回の気になる異性の存在を認識することによる行動変化が、特に男性において顕著だったことも興味深い。恋愛観について、男性よりも女性の方が理知的であるとの指摘もある（松井・木賊・立澤・大久保・大前・岡村・米田, 1990）。この指摘を踏まえても、男性の方が異性の目に対して単純に反応して、モチベーションを高めるという今回の結果は繰り返し確認できる現象といえるかもしれない。気になる異性を意識すること、気になる異性が存在する環境で作業を行うことで、モチベーションが高まり作業量が増える可能性がある。特に、男性の場合にである。

　他方、入戸野（2019）は、実験に基づいて、かわいい子猫を見た場合の方が成長した成猫を見た場合に比べ、集中力が増し作業成績が向上することを見出している。今回の実験では、異性の写真を刺

激として用いた。つまり、男性参加者の場合は「かわいい」刺激、女性参加者の場合は「かわいい」ではなく「かっこいい」刺激を用いたといえる。このように考えれば、今回の実験でも、この入戸野 (2019) の示唆に沿って、「かわいい」存在がポジティブな効果を持つことを追認する結果を確認できたとも解釈可能だろう。

　いずれにしても、これらのことは、スポーツのトレーニング場面だけでなく、広く活用できるかもしれない。自分自身で作業を行うための環境づくりや、あるいは仲間・同僚との協働するための環境づくりに「かわいい」存在を活用できるのではないだろうか。

引用文献

松井 豊・木賊 知美・立澤 晴美・大久保 宏美・大前 晴美・岡村 美樹・米田 佳美 (1990). 青年の恋愛に関する測定尺度の構成. 東京都立立川短期大学紀要, 23, 13-23.

松本 一輝・山岸 明子 (2014). 恋愛感情と競技成績の予期との関連. 順天堂スポーツ科学研究, 6, 13-16.

入戸野 宏 (2019). 「かわいい」のちから：実験で探るその心理. 化学同人

沼崎 誠・松崎 圭佑・埴田 健司 (2016). 持つものの柔らかさ・硬さによって生じる皮膚感覚が対人認知と自己認知に及ぼす効果. 実験社会心理学研究, 55, 119-129.

髙見 和至・西田 文香 (2017). 大学運動選手の恋愛経験が競技生活に及ぼす影響. 身体行動研究, 6, 1-8.

トピック2：大学生の上体そらしの回数

　この恋愛についてのモデル文章の場合も、方法以降の数値はすべて架空のものである。ただ、腹筋の回数については、下記の引用文献で示しているスポーツ庁が報告している2017年度の体力・運動調査結果の中の上体そらし（腹筋）の回数を基に仮定した。この報告では、30秒間での各世代の平均回数が報告されており、20代については男性が29.8回、女性が21.5回とされていた。ここでのモデルでは3分間としているため、単純には男性で178.8回、女性で129.0回となる。ただ、疲れるはずなので単純な6倍とはしなかった。

スポーツ庁（2017）．平成29年度体力・運動調査結果の概要及び報告書について．http://www.mext.go.jp/sports/b_menu/toukei/chousa04/tairyoku/kekka/k_detail/1409822.htm　（アクセス日：2019.09.11.）

トピック3：資料・文献の探し方

　モデルの文章は、卒業論文のお手本・モデルとして、簡略に、ただし完結する文章として書いている。他のモデル文章でも、引用文献は2～3本程度であるが、実際の卒業論文ではぜひもっと多くの資料を集め、紹介・引用して書き上げてほしい。CiNiiやJ-stageといった論文検索サイト、あるいはGoogleやYahooといった一般的な検索サイトで、資料を探してほしい。また、一つ、二つの資料・論文を見つけることができたなら、その論文の末尾に記載されているはずの"引用文献"一覧から参考とする論文を芋づる式に見つけていくことも有効な作戦といえる。

> ## トピック4：分析・集計・検定の方法と選定
>
> 　分析に関して、モデル②では t 検定を繰り返した記述を例示している。ただし、本来は条件(2)×性別(2)の2要因の分散分析を行い、主効果と交互作用効果の検討を行うべきである。ただし、交互作用効果が有意であることが認められた場合の下位検定の実施がエクセルの分析ツールでは用意されていない。SPSS という統計ソフトの場合でも、標準的な操作では下位検定は行えない。SPSS の場合は、シンタックスに下位検定を指示する構文を書き込み実施する必要がある。あるいは、ANOVA4といった web 上で利用可能な分散分析実施ツールを活用すれば下位検定を含めた分析が可能である。いずれにしても、ゼミの指導教員と相談しながら、自身が理解でき無理のない適切な分析・集計の技法を用いて、貴重なデータを検討すればよい。

選び取ってもらえる商品にするアピール：
説得研究からの発想

　どのような依頼の仕方が人を動かせるのか。他者の態度や行動を変化させるコミュニケーションが説得である。この説得という場面で、誰が、どのようなタイミング・状況で、どのような伝え方で、コミュニケーションをとれば、他者に影響しやすいのかといったことが、研究されてきた。この説得に関して、中村・三浦（2019）は、説得場面が必ずしも一対一の状況には限定されないことに注目して検討を行っている。すなわち、二人以上の他者が説得的な働きかけをしてきたときに、どの人物の説得コミュニケーションの影響を受けるのかという視点である。具体的な場面としては、選挙で複

数の候補者が政策を展開し投票を呼び掛ける場面や、ある商品について複数の会社が広告を展開し商品購入を促す場面などを中村・三浦（2019）は挙げている。

中村・三浦（2019）は、シナリオ想定法により選挙場面での実験的検討を行っている。また、ヒューリスティック・システマティックモデル（HSM）という、外集団よりも内集団のメンバーの意見を重視して直感的に簡便に判断するヒューリスティック処理と、ヒューリスティック手がかりのみならず情報を精査するシステマティック処理との2つのパターンで態度変容プロセスが説明されている。2つの実験を通して、認知資源が制限された場合には、ヒューリスティックな処理がなされ説得（提案）根拠が希薄な内集団メンバーからの説得を受けやすく、認知資源が制限されない場合にはシステマティックな処理が可能になり情報が精査され説得根拠が強い外集団メンバーからの説得を受け入れるとの結果を得ている。

すなわち、認知資源が制限されない場合には、説得内容を吟味して判断するということである。このことは、いつでも仲間・知り合いの提案を受け入れるということではないことを示す知見である。ただし、時間などの制約がある場合や興味関心が薄い内容について、複数の提案を受けた場合には、提案者との関係性が受け入れを左右するといえるだろう。

この論文をもとにしながら、卒業論文として研究を行う案としては、上記のように中村・三浦（2019）が挙げている商品購入を促す場面において、報告されている実験結果に沿った結果が得られるかを検討することが一つ考えられる。

商品購入を促す場面として追実験を行うといっても、複数の選択が可能である。上記に紹介したように、中村・三浦（2019）の一つの観点は、説得（提案）者が内集団メンバー（身内の人間や共通点

のある人）なのか、外集団メンバー（関係性が希薄な人物）なのかによって、説得の受け入れられ方が異なるというものである。この内集団か外集団かといった違いは、商品購入を促す場面ではどのように当てはめることができるだろう。彼女らは、選挙場面で候補者の出身地を地元なのかどうかと変えることで、すなわち、共通点、あるいは親しみやすさといったことの違いで操作したといえるだろう。商品購入を促す場面においては、それまでに使っていたメーカーの商品なのか使ったことが無い競合他社の商品なのかといった表現で操作してその両方を勧められるという場面にすることや、通い慣れた店舗か初めて行った店舗なのかといった違いを設けてどちらの店舗で購入するかを判断してもらう場面、あるいは同年代の店舗スタッフかどうかで操作して店舗スタッフに求める接客が変化するかを検討するなどがあり得るだろう。このような異なる場面への当てはめが、ユニークな自分なりの卒論として実験を企画する醍醐味であるといえる。基本的な論理展開は中村・三浦（2019）を踏襲し、別の自身が興味を持てる場面に、報告・提案されている結果が適用可能かを検証するのである。

　また、中村・三浦（2019）の検討では、説得される人物の性格などの要因は扱われていない。どのような性格によって、複数方向からの説得に際して、直感的な判断をして身内からの提案を盲目的に受け入れやすいかどうかが左右されるのかといった観点を加えた検討を行うこともあり得るだろう。

　卒業論文のテーマ設定として、自身の興味からスタートする方法と、論文などの資料を模索して、それら資料を土台としてスタートする方法とがあることを、改めて記しておきたい。なお、次に、この中村・三浦（2019）を基にした卒論の展開案（モデル例）を示すが、この例は「問題」のみとしている。

店舗スタッフはお客さまとの共通点の有無で接客方法を変えるべき?! モデル③

問題

　お店に行って、いろいろな商品の中から一つを手に取って購入することがある。どのようにして、いろいろな多くの商品の中から一つを選びだしているのだろう。もともと欲しいものが決まっていることもあるし、知らず知らずのうちにいろいろな商品の中から一つを良いと思い手にすることもある。どのような理由から、欲しいと決めているのだろう。どのような理由から、知らず知らずのうちに一つを選び取るのだろう。

　それまでにどんな商品を買ってきた経験があるのか、行ってみたお店で目の前にどんな商品が実際に並んでいるのか、また、その商品がどのように陳列されているのか、その商品の CM など宣伝を見たり聞いたりした経験があるか、その日の気分は、その日の天気は、店員がどのような接客をしてくるのか、様々なことが、どの商品を手にするのかに関わっているだろう。

　いくつかの商品の中から一つを選び出すのはなぜかを考えるときに、参考になる資料はないだろうか。いろいろな商品にはそれぞれに良さがある。言ってみれば、一つ一つの商品・サービスの特長がアピールされていることを見て聞いて、その上で一つを選び取る作業を私たちはしている。このアピールを受けて、手にするという過程は、説得されて影響されるという過程と似ているように思える。複数の説得を受けた場合に、どのような影響を受けるのかについての資料を探すと、中村・三浦（2019）の論文を見つけることができた。

　中村・三浦（2019）は、シナリオ想定法により選挙場面での実験

的検討を行っている。2つの実験を通して、認知資源が制限された場合には、ヒューリスティックな処理がなされ説得（提案）根拠が希薄でも共通点がある仲間といえるような内集団メンバーからの説得を受けやすく、認知資源が制限されない場合にはシステマティックな処理が可能になり情報が精査され説得根拠が強ければ仲間とは思えない外集団メンバーからの説得も受け入れるとの結果を得ている。

　この中村・三浦（2019）を参考に、ショッピングモールを歩いているときに、タイムセールを行っているお店で同年代の店舗スタッフに声をかけられた場合と、ベテラン感のある年上（あるいは、新人感あふれる年下）の店舗スタッフに声をかけられた場合とを比較して、商品を購入しようと思う気持ちがどちらの方が高くなるかを検討する。また、その際の店舗スタッフの声のかけ方として、商品の特長を丁寧に説明する情報量の多い接客と簡潔な情報量は少ない接客の2パターンを用意する。

　ここで書いたように、同年代という共通点のある内集団の人（仲間・身内）からの説得と、年上や年下のような年代が異なる類似性の低い外集団の人からの説得を、同時に受けた場合に、単純に内集団の人からの説得を受け入れるという過程だけが確認されるかを検討することを目的とする。また、この検討を実現するためには、調査を実施する方法に工夫が必要である。その工夫として、スノーボール法を採用したい。

　スノーボール法とは、直接に依頼する調査回答者に、さらに調査票の配布を依頼して雪だるま式に回答者の獲得を目指す手法である。親密な二者関係の把握など、調査実施者が関係を形成する構成メンバーの全員に回答依頼をすることが困難な場合に、採用されている方法である。例えば、繁枡・池田（2003）の研究で用いられており、現実の対人関係における自然状態での関係内の対人的な相互

作用を捉えることを可能にするといった利点を有する方法と説明されている。今回の卒業論文として調査を実施する場合、大学という環境の中で20代前半の回答者を確保することは比較的容易であるが、多様な年齢層の回答者を確保することは難しい。今回、多様な年齢層の確保を目指して、このスノーボール法を用いてみたい。つまり、学生回答者に加え、親世代の回答者も確保して、世代間での比較検討も行いたい。

　具体的には、授業での一斉調査を担当教員の了解を得て実施するとともに、その回答を依頼する学生に対して、同様の内容のアンケート用紙（調査票）の2部の持ち帰りを依頼し、その保護者への回答を依頼し翌週の授業での回収をお願いする。この方法で依頼することにより、大学生の回答者の6割程度の回答を親世代から得ることを期待する。

　中村・三浦（2019）の報告を参考にすると、次のような予測が導かれる。タイムセールを行っているという時間的な切迫感がある場合であれば、同年代の店舗スタッフの簡潔な接客が異なる年代の店舗スタッフの接客よりも好まれると予測できる。ただし、いつでも同年代の店舗スタッフの接客が好まれるのではなく、タイムセールを行っていない切迫感がない場合であれば、特徴を丁寧に説明する同年代ではない店舗スタッフの接客も好まれると予測できる。

中村 早希・三浦 麻子（2019）．　2者から異なる方向に説得される状況での被説得者の認知資源と態度変容プロセスの関連の検討．　社会心理学研究 34, 119-132.
繁桝 江里・池田 健一（2003）．　コミュニケーションにおける否定的フィードバックの抑制の対人的効果：“その人とぶつかるくらいなら言いたいことを言わない”ことは何をもたらすか．　社会心理学研究, 19, 30-40.

トピック5：調査回答者・実験参加者の確保の工夫・アイデア

　卒業論文において、アンケート調査を実施する学生は比較的多い。ただし、その実施に際して直面する問題の一つが回答者の確保である。一つの解決策は、ゼミ指導教員やこれまでに関わりのある先生に依頼して、先生の担当する授業での実施許可を得ることである。この方法で、授業の受講者という一定数の学生に回答者として協力してもらうことが実現する。ただし、設定したテーマによっては、必ずしも学生に回答してもらうことで検討を十分に行えないことがある。その際には、学生自身が勤めるアルバイト先などで、個別に調査への回答協力を依頼するという方法がある。これまでに指導したゼミ生の中には、実際にアルバイト先で協力を得た学生や、親御さんに調査票の配布の協力を得て多様な回答者の確保を実現した学生もいる。また、卒業した高校の担任の先生を頼って、高校生の回答・協力を得たゼミ生もいた（その際には、ゼミ指導担当として調査内容とその後の対応について大学教員の私も責任をもつことを記した手紙を作成するサポートもしている）。工夫とアイデア次第で、様々な属性の回答者を確保することを実現させることができる。上記のモデル③で紹介したスノーボール法も、回答者の人数を増やし、多様な属性の回答者を得るための方法の一つである。

トピック6：行動経済学など、販売に注目するアイデア

　ほかにも、近年、行動経済学とよばれ、経済学、あるいは経営学の分野に心理学の知見を応用的に取り入れる研究が行われている。そのような観点での検討も、心理学を基盤にした検討としてあり得るだろう。単純な発想ではあるが、説得技法などの社会心理学の知見をベースにどのような働きかけ方が商品を手にさせるのかといった検討である。このような観点で参考にする研究論文を探してみて

も、さまざまな論文を見つけることができる。例えば、POP 広告に着目した鄒・脇山（2018）の研究などがある。

鄒 晨燕・脇山 真治（2018）．店頭 POP の効果的な訴求方法に関する考察：チョコレート・カテゴリにおける行動経済学の心理効果を用いた実験を通して．プロモーショナル・マーケティング研究, *11*, 45-58.

オペラント条件づけからの発想

　心理学の学修として、"学習"は重要な基礎的分野の一つである。教養科目として位置づけられている心理学Ⅰ・Ⅱの授業でも、必ず触れられる内容の一つである。そして、この内容への理解を、自身の身近な出来事と結び付けて卒業論文として着想し、研究を行うことも当然、可能だ。ここでは、本学の紀要の一つである流通情報学部紀要に掲載された論文をもとにした研究の企画、展開の一つの方向性について述べてみたい。ここまでも触れたが、展開する研究の方向性、実験や調査の具体化案は、ここで提案するものに限らず、さまざまにあり得ることを理解してほしい。

　訓練された行動が、その後に新しい強化手順により訓練された代替行動の獲得に伴い当初に訓練された行動は消去されるが、その後、両行動（最初に訓練された行動と代替行動）の強化をしない消去段階の手続きをとると、最初に訓練された行動が再出現する"反応復活"と呼ばれる現象がある。井垣・山岸（2019）は、ハトやラットを対象にして行われることの多かった反応復活について、ヒトを対象とした実験研究を行っている。彼らは、得点減少を回避するゲームという実験状況を設定して、ヒトを対象に反応復活の過程が認められるかを検討している。その結果、ヒトを対象とした実験

において、反応復活の過程が認められる結果を得ている。また、訓練のスケジュールに2つの変動比率（variable ratio; VR）強化スケジュールを対比する条件設定も盛り込まれたが、このスケジュールの違いによる反応復活の差異は認められなかった。この井垣・山岸（2019）の興味深い点は、反応復活に着目した点と、明確な差異が認められる結果は得られなかったものの VR 強化スケジュールを取り上げている点であると思う。

　反応復活については、以前にしていたが止めていたことを、またしてしまうという行為である。自分なりに良くないと思ってしていたことを止める、誰かに注意されてしなくなる、といった経験は誰にもあると思う。だが、ふとした時にそうした止めていたことをまたしてしまっていることがある。なぜそのようなことが起こるのかを考える際に、この反応復活という過程を関連させることができるだろう。

　反応復活に関して、ハトやラットを用いた実験場面での検討は多いが、ヒトのコンピュータを用いた課題での実験は、この井垣・山岸（2019）による研究がおそらく初めてであると著者らは謳っている。著者らも展望として述べているが、反応復活についての研究に取り組み多様に展開していくことは価値あることだろう。

　例えば、験担ぎといった迷信行動を繰り返してしまうこと、別れた相手のことをついつい思い出してしまうこと、していたこと（獲得した行動）をしなくなり（消去）またしてしまう（反応復活）という過程が、どのような条件で、どのような状況で、生じるのか、生じやすいのかを検討する研究である。この反応復活に影響するものとして、強化スケジュールに注目することもできるだろう。

　条件づけという新たな行動の獲得において、強化子の提示が重要であるが、この強化子の提示のタイミングを説明するのが強化スケジュールである。基本的に、強化子・報酬があるからこそ、新たな

行動が獲得される。新たな行動をしたときに、必ず強化子が提示されるスケジュールは連続強化（continuous reinforcement）スケジュールや定率（fixed ratio）強化スケジュールと呼ばれる（木村, 2001）。強化スケジュールの違いによって、行動の獲得までの時間や、逆に消去されるまでの時間に違いが見られる（木村, 2001）。すなわち、連続強化スケジュールは行動の獲得がスムーズであるが、変率強化スケジュールの場合の方が消去されるまでに時間を要する（内田, 2014）。以上のことを踏まえて、「別れた相手のことを思い出してしまうこと」を主眼に置いた恋愛をテーマとする場合のモデルを示してみる。

失恋相手を引きずってしまうのは…モデル④

問題（序論）

恋愛は誰もが興味を持ち、経験するものである。ただし、何事にも始まりがあれば終わりがあり、恋愛の場合も、何らかの理由から別れを経験する場合がある。他の誰にも代えがたい特別な人と出会い、恋愛関係に至ったにも拘らず別れを経験した場合には、その相手を思い出すことがある。失恋の痛手と表現されるように、その思い出す行為が苦痛に思える場合もある。苦痛であるにも関わらず、忘れたい失恋相手のことをなぜ思い出してしまうのだろう。

訓練して身に付けた行動であっても、時間経過とともに、しなくなる場合がある。そのような獲得した行動が失われる過程は消去と呼ばれるが、消去された行動でも、復活することがある。井垣・山岸（2019）は、この消去された行動の復活について研究を行っている。ハトやラットといった動物で認められた反応復活の過程が、人の場合にも認められると井垣・山岸（2019）は指摘している。

この反応復活という過程に、別れた相手を思い出してしまう場面を当てはめるなら、次のように説明できるのではないだろうか。好きな相手と付き合っている時間は、そのパートナーとの楽しい時間を過ごす正の強化を受けている時間である。しかし、何らかの理由で別れ話をする時間を過ごし、別れを選択する。この別れ話をする時間・期間が消去期間である。別れた後で、ふとした時にパートナーのことを思い出してしまう、これを反応復活と考える。

　さて、しかし、失恋を経験した誰もが、別れた相手のことを思い出し、未練を持ち、悲嘆にくれる辛い時間を過ごすかといえば、そうではないだろう。次の出会いへと切り替えることができる人もいれば、そうできない人もいる。この違いは、何によって生まれるのだろう。ここに強化スケジュールの違いが関連する可能性がある。

　木村（2001）や内田（2014）は、強化スケジュールの違いによって行動の獲得までの時間や消去されるまでの時間に違いが見られることを指摘している。具体的には、一見して不規則に思える強化子の提示の仕方である変率強化スケジュールの場合の方が、獲得すべき行動をした場合に必ず強化子が得られる連続強化や定率強化スケジュールの場合よりも、消去がなされにくいと説明されている。なぜなら、不規則であったために、忘れたころに報酬（強化子）を得られるかもしれないと誤った期待を持ってしまうためである。

　恋愛関係の場合、遠距離恋愛という形もある。遠距離恋愛であれば、会いたいときにいつでも会える訳ではない。SNS の普及など、直接に会う時間を補うツールが昔に比べれば身近なものとなっているかもしれないが、何気ないことを話す時間、触れ合う時間は、一緒に・近くにいてこそ持てるものである。いつでも会える近い距離での恋愛と比べ、なかなか会うことが難しい遠距離恋愛では、そのようなパートナーと過ごす時間を得ることが難しいだろう。近距離であれば、会いに行くための移動時間も短い。遠距離であれば、移

動時間は必然的に長くなる。会い一緒に過ごすための移動時間は遠距離恋愛の場合の方が長い時間を必要とする。長い時間を必要とするということは、互いのスケジュールの調整の難しさにもつながるだろう。よって、言ってみれば、相手の笑顔という報酬を、常に得られるのか、時々にしか得られないのかという違いが、恋愛の形によってはあると考えることができるだろう。このように考えれば、いわゆる遠距離恋愛という交際形式は、報酬（正の強化子）を得られるタイミングが不規則であるともいえる。他方、近距離での交際は、量的な側面で報酬が勝り、希少さから質的な側面では遠距離での交際に劣るともいえるかもしれない。いずれにしても、その遠距離での不規則さや会うことの困難さは、変率強化スケジュールに重なるように思える。すなわち、遠距離の場合の方が、関係の解消を受け入れがたく、元恋人への未練が強いと考える。

　また、古村・戸田・村上・城間（2019）は、web 調査会社を利用し、約1000名のサンプルから失恋後 1 年以内といった条件で325名（男性109名, 女性216名、平均25.3歳）を分析対象とする調査を実施している。この古村ほか（2019）は、元恋人への想いの強さ（アタッチメント欲求）に加えて元恋人の別離時の申し訳なさを示す態度が失恋後の立ち直りを妨げることを報告している。同時に、元恋人の別離時の誠実さが失恋からの立ち直りを促すことも見出している。ここでの申し訳なさは、「私に対して申し訳なさそうな態度を取っていた」「泣くなど悲しそうな態度をとっていた」の 2 項目で測定されたものであった。また、誠実さは「真剣な様子で別れの理由を話してくれた」「一方的に別れを告げ、私の話を聞く耳を持たなかった（逆転項目）」の 2 項目で測定された。別離時の元恋人の申し訳なさは、復縁への期待を高めるため立ち直りに向けたプロセス（過程）の移行を妨げると考察されている。また、この調査の元恋人への未練（論文上ではアタッチメント欲求と記載されている）の測

定において面白い手法がとられており、「何か良いことがあったときに、最初に教えたい」という設問について「父、母、友人、その他」を1位から4位まで回答するよう求めた後で、この順位に「元恋人」を加えるとしたら、1位から5位、もしくは"順位に入らない"のいずれになるかという問い方がなされた。なお、この恋人の順位について、1位を5点、5位を1点、順位に入らないを0点とする得点化がなされている。

以上のことを踏まえて、ここでは、遠距離だったかどうかという関係への認識によって、元恋人・失恋相手への未練の強さが左右されるのかを検討する。近距離恋愛よりも、遠距離恋愛の場合に、消去されにくく、反応復活、すなわち別れた相手のことを思い出してしまう（未練を強く持つ）と予測する。

方法

心理学の講義を受講する大学生を対象とした質問紙調査を実施する。授業時間に一斉調査を行い、別れた経験のある人を分析対象とする。加えて、調査への回答をお願いした講義受講者に、封筒に入れた調査票を2部ずつ配布し、友人やアルバイト先の知人、あるいは家族への配布を依頼し、次回、もしくは次々回の講義出席時にその調査票を封入した封筒の提出を依頼する。なお、封筒の中には、調査票に加えて、調査の主旨と回答のお願いを記載した依頼書も同封する。また、封筒には両面テープを貼っておき、講義出席者から依頼を受けた方が、回答後に封印することが可能なようにしておく。この依頼によって、幅広い年齢層の回答者を確保すること、また、分析対象としたい恋愛、別離経験者を一定数確保することを目指す。この参加者にさらなる協力者の確保を依頼する手法はスノーボール法と呼ばれるものである。

以上の手順によって、講義受講者の大学生140名と、スノーボー

ル法での回答協力者120名を得た。ただし、それぞれの中で失恋経験者は53名、78名であったため、計131名を分析対象とした（下記の調査内容で示す同意確認の質問で131名について同意して頂けたことを確認できた）。

　調査内容は次のとおりである。まず、回答者の属性を把握するために、性別と年齢についての回答を求める。次に、先述の古村ほか（2019）を参考に元恋人への未練を測定する質問への回答を求める。その上で、調査用紙のページを改め、失恋に関する研究であることを説明する教示文を示し、失恋経験があるかどうかを「はい」か「いいえ」の選択肢を用意して回答を求める。失恋経験がない、あるいは回答を希望しない回答者については、以降の設問への回答は不要とする。よって、以降では失恋経験がある人を対象として、質問への回答を依頼する。まず、直近の失恋した相手について、具体的に想起してもらうためにその相手の呼び名の一文字を記入することを求めた。その次に、その失恋相手との交際の様子について、遠距離恋愛のようなものであったかを把握するために次の質問を用意して尋ねる。「失恋相手と交際していたとき、相手や自分の仕事や学校などの都合、あるいは住んでいる地域が違うため移動時間や交通費が必要などの物理的な制約から、相手に会おうと思っても、会うことが難しかったですか。もっとも最近の失恋した・別れた相手についてお答えください。」という質問に対して、「会おうと思えばいつでもすぐに簡単に会えていた（1点）」から「会おうと思っても一緒にいる時間を作ることは非常に限られてしまっていた（7点）」の7件法で回答を求めた。また、交際期間と、回答時点での失恋からの経過期間を約何か月か回答してもらった。そして、失恋相手のことを思い出すことがあるかを、「ふとした時に失恋相手のことを考えてしまっていることがある。」「失恋相手にふと電話やLINEなどで連絡を取ってみようと思ったことがある。」「Instagram

などで失恋相手が何をしているか調べてみたことがある。」という独自に作成した3つの質問に「全くあてはまらない（1点）」から「非常によくあてはまる（5点）」の選択肢を用意して回答してもらった。最後に、改めて研究のために回答を分析することに同意いただけるかを確認する質問を用意した。

結果

同意の得られた男性48名（平均26.8歳）、女性83名（平均22.6歳）、計131名を分析対象とした。交際期間については平均16.3ヵ月であった。また、失恋からの経過期間は22.2ヵ月であった。

独自に作成した失恋相手を思い出す程度についての得点は平均2.62点であった。1点から5点の5件法で回答を求めており、中央値は3点であった。すなわち、この平均点は「どちらともいえない」の3点より低く、失恋相手を思い出す頻度が高くないことを示していた。このことは、失恋を経験した後で、交際時と同様に相手のことを考えてしまうという意味での反応復活が頻繁には起こっていないことを示しているといえるかもしれない。

失恋した相手との交際形式が遠距離恋愛であったかを尋ねた質問については平均3.22点、中央値は2.00点であった。この遠距離恋愛であったかの質問について中央値折半により回答者を2群に分け、近距離群71名（54.2%）と遠距離群60名（45.8%）とした。

遠距離恋愛であったかで、独自に作成した失恋相手を思い出す得点について、差が認められるか t 検定を行った。結果、近距離群（2.49）よりも、遠距離群（2.77）の方が、思い出す傾向にあった（t(128)＝1.47, p＜.10）。この結果は予測を支持するものであった。

次に、未練に差が認められるかを検討するため、同様に t 検定を実施した。その結果、近距離群（3.13）と遠距離群（3.30）との間に有意な差は認められなかった（t(127)＝0.76, ns.）。予測を支持す

る有意な差が認められなかったが、得点はわずかであるが遠距離群の方が高く、元恋人は良いことがあったときに伝えたい相手として優先順位が高いことが分かった。また、今回の回答者の失恋からの経過期間が平均22.2ヵ月と長いことが影響しているとも考えたため、1年未満の回答者に限定した比較を追加で実施してみることとした。1年未満に限定したところ、近距離群は31名、遠距離群は22名であった。比較の結果、近距離群（2.55）よりも遠距離群（3.35）の方が失恋相手の優先度が高く未練が強いことが確認できた（$t(44)$ $=2.29, p<.5$）。このことは予測を支持する結果であった。

考察

　結果で示されたように、予測については支持する結果が得られた。ただし、そもそも失恋後に元恋人のことを思い出すという反応復活が強くは起こっていないともいえる結果であった。ただし、「全くあてはまらない」の1点よりも高い2点台の平均点であったことは、やはり失恋した後もふと元恋人のことを考えてしまうことがあることを示していると考えれば、恋愛において反応復活と呼べるような現象を私たちは経験するといえるのではないかと考える。また、遠距離なのかどうかという違いによって、未練や思い出す程度に差が認められたことは、付き合い方によって相手のことを別れた後に引きずってしまうかどうかが左右されるといえる。また、遠距離恋愛の場合の方が相手への想いが強くなることを意味しているとも解釈できるだろう。

　今回の検討では、恋愛期間については回答を得たものの、分析は行っていない。恋愛期間が長ければ、相手への想いも深まり、別れを経験した場合には未練も強まると思われる。また、古村ほか（2019）が測定していた別れる際の相手の申し訳なさや誠実さによっても、失恋後に相手を引きずってしまうかどうかが変化するの

ではないかとも考えられる。この点についても、今後検討する価値
があると考える。また、遠距離かどうかの違いは、定率強化や変率
強化スケジュールになぞらえられるのではないかと考えて調査を計
画したが、そのことを確認するための質問を用意していなかったこ
とは今回の調査の欠点として挙げることができる。また、遠距離か
どうかを主観的な会いにくさで測定したが、実際の距離を確認でき
るような、付き合っていた相手と住んでいる国が違った、住んでい
る県が違った、同じ市内には住んでいなかった、同じ市内に住んで
いた、といった選択肢を用意して物理的な距離を尋ねる質問を用意
する方法もあるだろう。今後、同様の研究を行う際には、こういっ
た点を改善する工夫も必要だろう。

引用文献

井垣 竹晴・山岸 直基（2019）．個体内比較による負の強化で維持された反応復
　　活の検討．流通情報学部紀要　23, 13-23.

木村 裕（2001）．第2章オペラント条件づけの基礎．山内 光哉・春木 豊（編）
　　グラフィック学習心理学．サイエンス社　Pp. 43-92.

古村 健太郎・戸田 弘二・村上 達也・城間 益里（2019）．元恋人へのアタッチメ
　　ント欲求が関係崩壊後の反応段階の意向を遅らせる．心理学研究, 90, 231-
　　241.

内田 雅人（2014）．部分強化における強化子出現の規則性と反応の持続性：シ
　　ミュレーション実験による消去抵抗の比較検討．和洋女子大学紀要, 54,
　　119-130.

トピック 7：遠距離恋愛は特別なもの？

　遠距離恋愛かどうかによる、関係や相手への想いの強さについては、投資モデルという理論からも説明できる。遠距離恋愛の場合の方が、先述のように関係の継続にコストを要するともいえる。このことは、池上・遠藤（1998）などで確認できるラズバルトが提唱している投資モデルからすれば、特に回避的な側面ではあるが遠距離恋愛の場合にコミットメントがより高まると考えられる。すなわち、近距離での交際の場合よりも、遠距離での交際の場合の方がその関係を惜しむ気持ちが強まり別れ難くなる。このように考察することが妥当かをテーマとして検討することもあり得るだろう。

池上 知子・遠藤 由美（1998）．グラフィック社会心理学．サイエンス社

トピック 8：いろいろな心理テスト

　心理学の領域で、様々な調査や実験を行う際に、パーソナリティ（人格・性格）という個人差に注目して、行動現象を検討することもありえる。このとき、サイエンス社の心理測定尺度集という本が非常に役立つ。心理測定尺集は現在Ⅰ巻からⅥ巻までシリーズとして刊行されており、本学の両キャンパスの図書館にも用意されている。さまざまな論文で開発され妥当性や信頼性が検証されたパーソナリティ（人格・性格）を測定するための心理尺度を集約して紹介している本である。この本の中から利用したいと思える尺度を探してみるということも、卒業論文での研究の進め方の一つの方法といえる。

堀 洋道（監）　心理測定尺度集Ⅰ～Ⅵ．サイエンス社

トピック9：恋愛に注目した研究論文

恋愛に関する研究に卒論で取り組む際に、先述した論文以外にも参考となるものが多数ある。例えば、牧野（2012, 2014）による一連の研究や山下・坂田（2008）による失恋に着目した研究などである。

牧野 幸志（2012）．　青年期における恋愛と性行動に関する研究（3）：大学生の浮気経験と浮気行動．　経営情報研究, *19*, 19-36.
牧野 幸志（2014）．　関係崩壊における対処方略とその効果（2）：別れを切り出された側の対処方略は有効なのか？　経営情報研究, *21*, 35-50.
山下 倫実・坂田 桐子（2008）．　大学生におけるソーシャル・サポートと恋愛関係崩壊からの立ち直りとの関連．　教育心理学研究, *56*, 57-71.

まとめ

ここまでに、4つのモデル例、9つのトピックを紹介した。恥ずかしながら、推敲を重ねたきれいで読みやすく論理的な文章となっていないことを反省している。ただ、心理学も学んだことを活かして卒論に取り組む際に、このようなテーマの設定の仕方や取り組み方、書き進め方もあるのだという参考にはなるのではないかと思っている。ぜひ自由な発想で、そして、所属するゼミの先生を中心に関わりのある大人たちのサポートを得ながら、自分自身でも、数年後に読み直してみたいと思えるような作品を目指して卒論に取り組んでもらいたい。その際の参考に、ほんのわずかでもなればと願う。

大学生のための心理学実験研究の進め方

山岸　直基

目　次

第1章　研究を進めるための基本的な知識について[1]

1．なぜ実験研究なのか

　私の研究室（4年ゼミ）では、卒業論文を書く学生には、実験研究あるいは調査研究を実施し、それをもとに卒業論文を執筆することを課しています。他の研究室（4年ゼミ）ではいわゆる「文献研究のみによって構成される卒業論文」も認められていると聞いていますが、本研究室ではそのような選択はお勧めしていません。なぜでしょうか。簡単にいえば、学部の学生にとって文献研究は極めて難しいからです。一般に研究は「何か新しいこと」について報告します。この新しさは、決して大発見のようなものではありません。ごくわずかな小さな新しいことを指しています。心理学の文献研究の場合、テーマとなっている文献を多数読み込み、その上で例えば新しい視点からまとめたりします。そうすることで「何か新しいこと」について報告することができます。つまり、文献研究では俯瞰の視点が不可欠です。その上で、これまでにない視点を見つけ出すことも必要になります。そしてこれまでの視点とどのように異なり、新しい視点にはどのような利点があるのかを考えなければなりません。そうしてようやく、新しいものを生み出すことになります。私自身としては、学部の学生にとって、文献研究のみで卒業論文を完成させるという営みは、時間がかかる割に、得られるものが多くないように感じています。文献研究自体は価値のある重要な研究方法です。しかし、本学のカリキュラムを終えようとしている学生が取り組むにはハードルが高いように感じます。私自身の指導力に問題があるともいえるかもしれません。

　さらに、「ちいさな新しいことの発見」に届かないような文献研究は、複数の文献を引用するだけで何も新しいものを見出すことな

く、「文献を読んで勉強になりました」という感想を書くだけで終わってしまうことを危惧しています。これでは何も「新しいもの」を見出すことなく研究を終えることになり、それ自体は研究とは言えないということになってしまいます。

　一方、実験や調査においける「何か新しいこと」とは何でしょうか。これまでに行われた実験を同じように繰り返すだけでは、そこに新しいものはありません（もちろん、重要な実験研究について、繰り返し同様の結果が得られるのか、という問いが何らかの重要な意味を持つ場合もありますが）。しかし、手続きの一部を変えることによって、そこで得られたデータには何らかの新しいものが含まれることになります。そして、そのデータは実験を実施した学生だけの「オリジナル」となります。学生にとってその実験がうまくいったと思ったとしても、そしてうまくいかなかったと思ったとしてもです。これが実験研究における「何か新しいこと」なのです。論文に取り組んだ学生が比較的短い時間で「何か新しいこと」を見つけ、それを実感することができるのです。教員の視点から考えると、学生が卒業論文に割ける時間はそれほど多くありません。もちろん、手続きのどの部分を変えるのか、という部分は重要で、それを変えて何の意味があるのか、という部分は問われることになるでしょう。それでも、この部分を変えたらこんな結果になった、という発見は研究の面白さを知るための重要な側面です。私自身はそのような研究の面白さをぜひ体験してもらいたいと考えています。それこそが大学で卒業論文に取り組む意味だと考えています。そのような意味で私の担当する学生には、実験研究あるいは調査研究を行うことを課しているわけです。

２．心理学の実験研究・調査研究

本稿では、心理学を専攻した大学生に向けて、実験の計画および

実施、データ分析、論文執筆について、いくつかの具体例を示しながら、その書き方を説明します。学生にとっては、実験演習や演習のレポートおよび最終的には卒業論文の作成において参考資料となることを想定しています。特に行動分析学や学習心理学を基盤とした領域となります。さらに、それ以外の認知心理学、知覚心理学領域の研究も念頭に置いています。

　また、これを読むと学生は自分ひとりで卒論のための実験を実施し、卒業論文を書くことができると考えるかもしれません。しかし、最低限、実験を始める前に指導教員と相談する時間をとってもらい、「○○という実験をしたいのだが、それで良いか」について確認をとっておいたほうがよいでしょう。事前にアドバイスをもらっておくと、気づかなかった問題点が明らかになり、実験のやりなおし、という最悪の結果にならずに済みます。

3．論文構成

　まず、最終目標となる論文構成から、話を始めます。心理学の研究論文では、以下の項目立てが一般的です[2]。

題名

　（題名は最も短い論文の要約といえます。自分の研究の最重要キーワードをいくつか見つけ出し、それを組み合わせることで完成させることができます。多くの実験研究の場合、以下に説明する独立変数と従属変数を明示します。さらに実験参加者の特性を明示する場合には、「○○において○○が○○におよぼす効果」という感じになります。）

序論

　（導入（日常生活の疑問など）、研究動機、先行研究の検討をします（目的に結び付くように）。）

目的と仮説

（独立変数と従属変数を明確にして、研究において何を明らかにするのかを書きます。その意味では、題名と少し似ています。序論、方法、結果、考察のすべてと結びつく、最も重要な部分です。さらに、どのような結果が得られるのかについて自分の仮説も書いてください。その仮説を作った根拠も書くことが望ましいです。）

方法

（実験（独立変数の操作を含む）と調査（必ずしも独立変数の操作を含まない）においては、方法の書き方が異なりますが、基本的には、実験参加者、実験材料、実験場面、手続き、分析方法といった項目に分けて書きます。）

結果

（実験の結果、明らかになったことを、図や表を使ってわかりやすく説明します。）

考察

（結果の要約をし、なぜそのような結果になったのかについて、先行研究や他の文献を題材にしつつ、自分の考えを書きます。さらに今後この研究を継続すると仮定した場合、現時点でどのような問題があるのか、そしてそれを解決するためにはどのような研究を行う必要があるのか、それによってどのような問題を解決できると考えられるのか、という展望について書きます。）

それぞれの項目について、以下により詳しく説明を書きます。上記と併せて読んでください。

題名は、最も短い要約だ、と私の指導教員はいっていました。つまり、題名には必要なことはすべて書いてあるが、必要でないものは書かれていないわけです。きちんと論文の内容を理解していれば良い題名をつくることができます。でも良い題名を作れたからといって、その学生が論文の内容を十分に理解しているとは限りません。ご注意ください。

　序論では、読者が関心を持ちやすい日常生活の例などから書き始め、研究の動機などを書きますが、その中でも先行研究の検討が必要になります。自分の行う実験研究に関連した先行研究を探し、「その先行研究でどのような実験が行われ、どのような結果が得られたのか」、を述べる必要があります。そして、いくつか関連する論文について説明し、最終的には目的に結び付くように道筋を作ります。

　目的では、少なくとも独立変数と従属変数を明示します。つまり、実験で操作したこと、あるいは変化させた条件（独立変数）と、測定したもの（従属変数）です。たとえば、「顔の表情を変えると、気分は変わるのか」を調べる場合には、顔の表情という変化させた条件が独立変数となり、測定された気分が従属変数となります。その上でこの研究で何を明らかにするのかを、短くわかりやすく書きます。

　方法では、目的と照らし合わせて、論文を読んだ人が同じ実験を実施できるように、詳しく実験の方法や手順を書きます。「同じ実験を実施できるように」という部分が重要です。どんな人を対象にしたのか（実験参加者）、どんな実験機器を使用し、どんな場所で実施したのか（実験材料、実験場面）、どんな手順で実験を実施したの

か（実験手続き）、どのように測定結果を分析したのか（分析方法）
をできるだけ詳しく書きます。

　結果では、目的と照らし合わせて、実験結果について説明しま
す。しかし、その前に実験で得られた測定データを見やすい図や表
にする必要があります。この図表の作成は、論文の項目に挙がって
いませんが、見えない重要ポイントと言えます。そして、図表が完
成してから、結果を書き始めます。作成した図表一つ一つを順に、
⑴何を示すための図（あるいは表）なのか、図の縦軸、横軸は何を
示しているか、線の種類の違い（実線と破線など）は何を示してい
るのかを説明し、⑵その図（あるいは表）から何がわかるのかを説
明します。

　考察では、目的と照らし合わせて、この研究で何が明らかになっ
たのかをまとめます（結果のまとめ）。その上で、なぜそのような結
果になったのかについて、自分の考えを書きます。実験前の仮説と
同じような結果になる場合もあれば、そうでないこともあります。
いずれの場合でも、なぜ自分の仮説通りになったのか、あるいは
仮説通りの結果にならなかったのかについて、さらなる自分の考え
を、できれば先行研究など他の文献と関連付けながら書きます。

　・論文の書き順
　論文をどこから書き始めるかは、書く人によっていくつかのやり
方があります。王道は、序論から書き始めることです。実験を始め
る前に序論を書き終わらせます。この方法はもっともレベルの高い
方法でもあります。序論の内容によって実験をしても大丈夫かどう
かを判断して、次に進みます。志の高い学生はこちらの方法でやっ
てみるのもよいでしょう。

もう一方のやり方は、序論を後回しにする方法です。いくつかの参考文献（これは後には先行研究となる可能性が高いわけですが）を読み、そこで扱われている問題について、条件を少し変えた手続きを考えます。方法から考えるわけです。そして、その条件を変えることで、研究の目的がどのように変わるのかを考えます。そして、そのような目的を設定することで研究が成立するかどうかを指導教員に相談しながら考えます。こちらはどちらかと言えば直観的な方法です。私自身の学生指導方法としては、後者を採用することが多いです。

　さらに別の方法としては、上述の論文構成には書いていない「要約」から書き始める方法です。要約を書ききるには、論文で書くことの内容すべてを把握し終える必要がありますが、これができれば、確かに論文は書きやすくなるでしょう。その際には、論文を書きながら、要約に何を書いたのかを見返しながら作業することになります。

　このように論文の書き方にはいくつかの方法があり、指導する教員や実際に書く学生によって、あるいは学生と教員の相談の結果によって変わってゆきます。

注
（1）　本稿では、本格的な研究論文の一歩手前の段階である、卒業論文のための研究の進め方について解説しています。そのため、本稿で解説した手続きや分析方法は、一部本格的な研究としては不十分なところがあります。ご利用に際しては使用目的に応じて注意しながらお読みください。
（2）　複数の実験を行う場合、第1実験について、序論から考察まで執筆し、続けて第2実験について同様に序論から考察まで執筆し、すべての実験について書き、最後に全体考察を書くという流れになります。

第2章　実験研究の具体例（迷信行動）

　第2章では迷信行動、第3章では評価条件づけを具体例として、実験研究の資料を掲載します。各領域別に、「重要先行研究」、「一般的な方法」、「結果のまとめかたの注意点」、「引用・参考文献」に分けて書かれています。卒業論文の作成に役立ててください。

1．迷信行動に関する重要先行研究

(1)　Skinner, B. F. (1948). "Superstition" in the pigeon. *Journal of Experimental Psychology, 38*, 168-172.（ハトにおける「迷信」）

方法

被験体　8羽のハトが実験に使用された。

実験機器　ハト用実験箱が使用された。

手続き　ハトは一日数分間、実験箱に入れられた。そしてその間、15秒経過するたびにハトの行動とは無関係に1回エサが提示された。

結果と考察

　8羽中6羽において明確な行動を示した。1羽は時計と反対回り（左回り）に箱の中を回った。強化子が提示されるまでの間に2、3度回った。2羽目は繰り返し自分の頭を箱の上部隅に向けて突き出した。3羽目は繰り返し見えない棒の下に頭を移動させ、それを持ち上げるかのような、頭をくいっと上げるような行動をした。別の2羽は頭と胴体を振り子のように振っていた。6羽目は、床に触れてはいないが、床をつつくような行動をした。

　その後エサの提示を停止することで、その行動が生起しなくなっ

たことから、それらの行動が偶然の強化によって生じたものだと考察している。

[この論文についての簡単なコメント]

　迷信行動の研究は Skinner のこの研究から始まりました。Skinner はハトを対象として、どのようなタイミングでエサを提示するとどのような反応が生じるようになるかという、強化スケジュールの研究を進めていました。その中で、反応とは無関係にエサを提示する、時間スケジュールの下でハトがどのような行動をするようになるのかについてまとめたのがこの論文です。英語で書かれていますが、日本語の翻訳も出版が予定されているという情報があります。小野（1990）にも詳しい内容が記載されています。元の論文は非常にページ数が少ないです。

（2）Ono, K. (1987). Superstitious behavior in humans. *Journal of the Experimental Analysis of Behavior*, *47*, 261-271.（人間における迷信行動）

方法

実験参加者

大学生20名が対象となった。

実験装置

　大型のレバー3台、得点表示カウンターが使用された。30秒ごとあるいは60秒ごとに実験参加者の行動とは無関係に定期的に得点が与えられる固定時間スケジュールに各5名、平均30秒ごとあるいは60秒ごとに不定期的に得点が与えられる変動時間スケジュールに各5名が振り分けられた。

結果と考察

20名中3名に持続的な迷信行動が確認された。3名には、(a)そ

の行動の直後にポイント提示があった、(b)その行動が生起した後に、繰り返しポイント提示があった、(c)他の行動の直後にはポイントが提示されなかった、(d)実験の初期にその行動の後にポイントが提示された、という共通点があった。

その行動にその一方で多くの実験参加者において、一過性の迷信行動が確認された。

[この論文についての簡単なコメント]

この論文は Skinner（1948）の結果が、人間を対象に追試できることを示した研究です。同年に、幼児を対象とした研究も発表されています（Wagner & Morris, 1987）。この二つの研究が人間の迷信行動研究の先駆けと言えるでしょう。

2．一般的な方法

目的

人間を対象とした、これまでの迷信行動研究では主に次のことが研究されています。

1．偶然の刺激提示によって、オペラント条件づけにもとづく迷信的な行動が生起するのか。
2．漂流現象（ドリフト）と呼ばれるような、時間経過に伴う迷信的な行動の変遷は生じるのか。

これを軸として、過去の実験結果の追試をするとともに、自分独自の変数の効果を確認しましょう。

実験参加者

大学生を実験参加者とすることが多いです。他の実験参加者を対

象にすることができれば、それ自体重要な研究となるでしょう。

実験機材

Ono（1987）のように、反応レバーなど、自動的に反応を計測できる機器を使うことも可能ですが、その場合には、実験プログラム等の準備が必要となります。より簡便な方法としては、実験場面を動画での記録による行動の計測も可能です。この場合には、実験プログラム等の準備は必要ありません。その代わり、実験後に動画を見ながら反応記録を作成することになります。

また、迷信行動では、Skinner（1948）では刺激としてエサを使用し、Ono（1987）ではポイントが提示されています。このような刺激の提示装置も準備する必要があります。

手続き

実験は、刺激の提示および刺激と反応の記録を行います。大学生に対してポイントを提示する場合、たとえばパワーポイントのタイマー機能を利用することで、さまざまな時間間隔で刺激提示（画像と音声）をすることが可能になります。もちろんプログラミングソフトを使えば、汎用性の高いプログラムを作ることも可能でしょう。

分析方法

実験結果の測定に際しては、(1)行動の記録と、(2)行動の生起とフィードバックの関連についての記録が必要になります。実験プログラムを準備した場合には、その記録結果によってさまざまな分析が可能です。一方で、録画によってたとえば(1)については、実験時間を15分間とした場合、3分間の区分×5回（合計15分）、あるいは5分間の区分×3回（合計15分）といった時間区分を設定し、それぞれの時間区分において、特定の行動が何回生起したのかを記録

します。そして、それをグラフ化することで、時間経過とともに特定の行動がどのように推移したのかを確認できます（図1）。(2)については、行動の生起とフィードバックの関連、つまり表1のようにＡ、Ｂ、Ｃのそれぞれが何回起きたのかを記録します。あるいは、逸話的に、「第一区分では、最初に○○の行動が生起したときに□□のフィードバックが生起し…」という記述的なデータを残すという方法もあります。このようにして、基本的には、個別の事例ごとに、実験結果をまとめてゆきます。

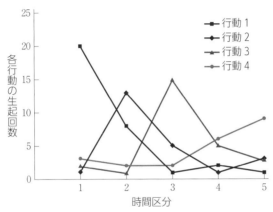

図1　時間区分の推移に伴う各行動の変遷過程

表1　行動の生起とフィードバックの関連

		行動の生起	
		あり	なし
行動直後の刺激の出現	あり	Ａ	Ｂ
	なし	Ｃ	／

Ａ：行動の直後に刺激出現のあった回数
Ｂ：行動の非生起の直後に刺激出現のあった回数
Ｃ：行動の直後に刺激出現のなかった回数

さらに、認知的指標を使う場合には、堀・沼田・中島（2014）のように、刺激の出現に対する「コントロール感」の評定を行う場合もあります。これは評定尺度を使い、コントロール感が、非常にあった(5)から、まったくなかった(1)の5段階等で確認することになります。ただし、コントロール感の評定尺度が何を測っているのか、そしてコントロール感と実際の行動の関係については慎重に検討する必要があります。

　また、迷信行動の生起しやすさなどの変数の効果を比較する場合には、群間比較も必要でしょう。これまでの私の研究室では、参加人数の違いの効果の検討や、使用できる用具の数の違いの検討などを行ったことがあります。

3．結果のまとめかたの注意点

　迷信的な行動の生起の有無、ドリフトと呼ばれるような迷信行動の変遷について結果を確認、記述する場合、まずは各実験参加者の個別のデータをそれぞれ分析することが必要になります。その上で必要に応じて、実験参加者全体のデータの集約を行います。

個別データの作成

　迷信行動については、オペラント条件づけによって生じたのかを確認するためには、偶然の強化（たまたま行動の直後に刺激が提示された）ことによって繰り返し生起したのかを確認する必要があります。そのため本来的には、事象記録（行動と刺激提示がどのような時間間隔で生じたのかの記録）を作成し、条件づけの過程を図示することが考えられます。しかしこれには、行動がいつ起きたのかという時間経過の情報が必要になるため、動画の記録からそれらを抽出するには労力を必要とします。その代わりに、逸話的な記録を残すのも一つの方法でしょう。

また、分析方法の項目において説明した、時間区分ごとの反応生起の推移を複数の行動について一つのグラフにまとめることで、ドリフトの生起について確認することが可能になります。

データの集約

　群間比較によって、ある要因の効果を検討する場合には、データの集約が必要になります。必要に応じて適切な統計的手法を使い、効果の有無を検討しましょう。そして、平均値を比較したグラフも併せて作成してください。

４．引用・参考文献

　主な文献を以下に挙げておきます。迷信行動研究で卒業論文を書く場合には、参考になるでしょう。引用文献の表記方法については、日本心理学会の「執筆・投稿の手引き」に基づいています。引用文献の書き方についてもこれらを参考にしてください。

堀麻 佑子・沼田 恵太郎・中島 定彦（2014）. 迷信行動は負の強化で獲得され易いか？：結果の正負極性と持続時間の検討.　心理学研究, *84*, 625-631.

Ono, K. (1987). Superstitious behavior in humans. *Journal of the Experimental Analysis of Behavior, 47*, 261-271.

小野 浩一（1990）. 人間および動物の迷信行動. 行動分析学研究, *5*, 1-44.

Skinner, B. F. (1948). "Superstition" in the pigeon. *Journal of Experimental Psychology, 38*, 168-172.

Vyse, S. A. (1997). Believing in magic. The psychology of superstition. Oxford, England: Oxford University Press.

（ヴァイス, S. A. 藤井 留美（訳）(1999). 人はなぜ迷信を信じるのか：思いこみの心理学　朝日新聞出版）

Vyse, S. A. (2013). Believing in magic: The psychology of superstition-updated edition. Oxford University Press.

Wagner, G. A., & Morris, E. K. (1987). "Superstitious" behavior in children. *The Psychological Record, 37*, 471-488.

第3章　実験研究の具体例（評価条件づけ）

　評価条件づけ研究は、大学生が日本語で読める実験紹介があまりない領域です。手続き的にはそれほど難しくないのですが、評価条件づけはレスポンデント条件づけなのか（あるいは古典的条件づけなのか）という問題や、ＣＭが視聴者に与える影響など、理論的問題から日常につながる問題までさまざまな点で重要な領域であるとともに、大学生の卒業研究としても適材です。

　レスポンデント条件づけの手続きを用いて、もともとは好きでも嫌いでもなかった「中性的な」刺激が、別の刺激と対提示されることによって、好き嫌いや、快不快などの評価がどのように変化するのかを調べています。

1．評価条件づけに関する重要先行研究

（1）　Staats, A. W., & Staats, C. K.（1958）. Attitudes established by classical conditioning. *The Journal of Abnormal and Social Psychology*, *57*, 37-40.

　方法
　実験参加者
　　93人の大学生が心理学入門の単位取得のための課題の一つとして実験に参加した。
　手続き
　　中性刺激として、スクリーンに映し出された国の名前（German、Swedish、Italian、French、Dutch、Greek）、中性的な国の名前と対提示される無条件刺激として、良い評価の刺激（gift 贈り物、sacred 神聖な、happy 幸せな、など）、悪い評価の刺激（bitter 苦い、ugly 醜い、failure 失敗、など）、どちらの評価でもない刺激（chair 椅子、

with ともに、twelve 12、など）が使用された。無条件刺激は、実験者が読み上げた。

　各国名は、事前に決められた、良い評価、悪い評価、どちらの評価でもない刺激と対提示された。

　グループ1では、Dutch が良い評価の刺激と対提示され、Swedish が悪い評価の刺激と対提示された。そして、グループ2では逆に Dutch が悪い評価、Swedish が良い評価の刺激と対提示された。他の国名は、どちらの評価でもない刺激と対提示された。対提示がすべて終わった後、国名について、実験参加者は7段階評価で快不快の評定をするよう指示された。

　実験2では、人名を中性刺激としてで同様の実験を行った。

結果と考察

　グループ1では、Dutch が Swedish よりも良い評価（順に、2.71、3.42）、グループ2では逆に Dutch が Swedish よりも悪い評価（順に、2.67、1.83）となっていた。なおこの数値は1が快、7が不快の7段階評価の平均値である。実験2の人名を中性刺激とした場合でも同様に、対提示の効果が確認された。

［この論文についての簡単なコメント］

　この論文は評価条件づけについての最も古い研究の一つです。古典的条件づけによる態度変容というタイトルの論文です。社会心理学の一領域の研究として行われました。そして、対提示によって国に対する態度が変化することを示唆しました。

（2）　Martin, I., & Levey, A. B.（1978）. Evaluative conditioning. Advances in Behaviour Research and Therapy, *1*, 57-102.

方法

実験参加者

　10人の成人（男性5名、女性5名）が実験に参加した。

手続き

　最初に、実験参加者は、50枚の写真を、好き、嫌い、どちらでもない、の3種類に分けることを指示された。

　次に、「どちらでもない－好き」、「どちらでもない－嫌い」、「どちらでもない－どちらでもない」、「嫌い－どちらでもない」、「好き－どちらでもない」の5つのペアとなる刺激の組み合わせを作り、記載順に写真を提示した。写真の組み合わせは20回ずつ対提示され、その順序は実験参加者ごとにランダムな順序で提示した。

　最後に、それぞれの刺激について、実験参加者に－100（嫌いの最大値）から＋100（好きの最大値）までの幅で主観的な評価を行わせた。

結果と考察

　これらの結果、対提示前には、「どちらでもない」と評価されていた写真は、おおむね、対提示された写真が「好き」な場合にはより好きに、逆に対提示された写真が「嫌い」な場合にはより「嫌い」に変化した。そして、「好き」よりも「嫌い」な写真の対提示の効果の方が大きかった。提示順序の違いについては一貫した傾向はみられなかった。

［この論文についての簡単なコメント］

　この実験は、いわゆる画像・画像パラダイムと呼ばれるもので、近年の評価条件づけ研究の先駆けとなった研究です。当初から、刺激の提示順序を実験変数として調べようとしていたのは興味深いこ

とだと思います。

2．一般的な方法
目的
　対提示というレスポンデント条件づけの手続きを使って、ある刺激に対する評価（快不快、好悪など）が変化するのか、を軸として、どのような刺激を中性刺激、あるいは無条件刺激として利用するかが、腕の見せ所になるでしょう。

実験参加者
　大学生を実験参加者とすることが多いです。もちろん他の実験参加者を対象にすることができれば、それによって、大学生との比較等ができるでしょう。

実験機材
　Staats & Staats（1958）では、中性刺激として視覚刺激の文字を使用し、無条件刺激として音声刺激の言葉を使用しました。Martin & Levey（1978）では、どちらも視覚刺激としての写真でした。これまでの研究では、無条件刺激として嗅覚や味覚を使ったりしたものもあります。視覚刺激と聴覚刺激であれば、20人程度を集めて、一度に実施可能ですが、嗅覚や味覚の場合には、個別に実験する必要がありそうです。

刺激セットの作成方法
　この実験のかなめの一つは、刺激セットの作り方です。一般的には、好きな刺激（ポジティブ）、嫌いな刺激（ネガティブ）、どちらでもない刺激（中性）、の3種類を組み合わせる訳ですが、複数の中性刺激を各カテゴリに準備することで、ポジティブ刺激、ネガティ

ブ刺激、ニュートラル（中性）刺激の妥当性を担保し、結果の妥当性をより厳密に検討することができます（表2）。

表2　評価条件づけの刺激セットの例

	第1群	第2群
ポジティブ　セット	ポジティブ1－中性1 ポジティブ2－中性2 ポジティブ3－中性3	ポジティブ1－中性4 ポジティブ2－中性5 ポジティブ3－中性6
ネガティブ　セット	ネガティブ1－中性4 ネガティブ2－中性5 ネガティブ3－中性6	ネガティブ1－中性1 ネガティブ2－中性2 ネガティブ3－中性3
ニュートラル　セット	中性9－中性7 中性10－中性8	中性9－中性7 中性10－中性8

手続き

　刺激の対提示を行います。視覚刺激どうしであれば、パワーポイントを利用して容易に実験をすることができます。提示時間も設定可能です。最近のパワーポイントは聴覚刺激にも対応できそうです。嗅覚や味覚の場合には、一度刺激を提示したら、そのまま次の刺激を提示するのではなく、一度、無臭あるいは味覚のない状態に戻す必要があるでしょう。たとえば味覚の場合には、いったん水を飲んでもらう等です。　そして、複数の対提示する刺激を用意し、ランダムな順序で繰り返し提示します。

　また、Staats & Staats（1958）のように、2つのグループを設定し、対応する中性刺激を入れ替えることで、より確実な結果を得ることができるでしょう（表2）。また、刺激セットの提示回数についても十分な回数行うようにしましょう。

　実験最後の、中性刺激の評価においては、少なくとも5段階評価、あるいはより細かな評定が可能な評定尺度を利用しましょう。

　最後に、集団で実験を行う場合には、個別に行う場合と類似した

環境になるように、実験参加者どうしの交流がないように実験場面を設定してください。

3．結果のまとめかたの注意点

このような実験の場合、最初に作るべきエクセルファイルは以下のようなデータになります。一番左の列に実験参加者番号を記載し、一番上の行に各刺激名称を書き、横一列ずつ、各実験参加者の評定結果を記入していきます。これによって、各刺激の評定平均値を算出することができます。わざわざ書くまでもないというご意見もあるかもしれませんが、念のために記載しておきます。

表3　評定尺度のまとめ方

	中性刺激1	中性刺激2	中性刺激3	・・・	・・・
Sub 1	4	2	6		
Sub 2	6	2	3		
Sub 3	3	1	5		
・・・					
・・・					
平均値	○	□	△		

その上で、このような表をグループごと、刺激セット（ポジティブ、ネガティブ）に作成し、さらに刺激セットごとの平均値を算出することで、最終的に作成するグラフの元となる数値を算出することができ、図2のようなグラフを作成することができます。なお図2は、中性刺激と対提示した刺激がポジティブ、ネガティブ、中性それぞれの刺激であり、かつ、それらとは別に2つの条件を設定した結果を示しています（写真が白黒の場合とカラーの場合や、小学生と大学生の比較など）。

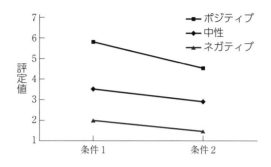

図2　各条件における評定値

4．引用・参考文献

主な文献を挙げておきます。

片桐 雅義（2001）. Evaluative Conditioning は特異な学習か. 宇都宮大学国際学部研究論集, (11), 23-36.

Martin, I., & Levey, A. B. (1978). Evaluative conditioning. *Advances in Behaviour Research and Therapy*, *1*, 57-102.

中島 定彦（2006）. 商品広告と古典的条件づけ：研究展望（1）. 行動科学, *45*(1), 51-64.

中島 定彦（2006）. 商品広告と古典的条件づけ：研究展望（2）. 行動科学, *45*(2), 27-36.

中島 定彦（2010）. テレビ CM は逆行条件づけか?. 人文論究, *60*(2), 39-53.

小野 浩一（2016）. 行動の基礎. 培風館

Staats, A. W., & Staats, C. K. (1958). Attitudes established by classical conditioning. *The Journal of Abnormal and Social Psychology*, *57*, 37-40.

第4章　実験研究の具体例（その他）

1．味覚と色覚（共感覚）

　食べ物や飲み物の色によって、味覚は変化するでしょうか。実際に食べ物や飲み物に色を付けて、試食してもらい、評価をしてもらうことによって、調べることが可能です。ここでの心理学的な原理は、評価条件づけと類似しているとも言えますが、より幅広く共感覚（synesthesia）という名前でも研究が行われています。共感覚とは、ある音を聞くとある色が見えるといったように、聴覚刺激が色覚に影響を与えたりするように複数の感覚器官の間の相互作用についての研究です。

2．運動学習

　運動学習はとても広い研究領域です。スポーツに関心のある人は運動学習について研究してみるのも良いでしょう。心理学の基礎的な領域ではたとえば、分散学習と集中学習を比較した研究があります。たとえば、同じ練習時間（合計2時間）でも、一日20分6日間行った場合と、一日にまとめて2時間練習した場合、どちらがより習得しやすいかを検討します。

　また、一人で練習する場合と誰かの練習を観察しつつ練習する場合の比較、フィードバックの効果、どのようなタイプのフィードバックが効果的かなど、運動学習にはさまざまな要素について、検討する余地があります。自分でスキルを身につけたい場合や、指導者をめざす場合などには、良い題材となるでしょう。

3．知覚と性格

　最後に少しだけ飛躍した感じの研究について述べておきます。知

覚心理学において、錯覚の個人差といえるような研究があります。たとえば、図1のような図形は心理学入門の教科書に「だまし絵」の一例として掲載されています。この絵を見て、ウサギに見えるか、アヒルに見えるかという問題は個人差の問題ともいえます。また、類似の例としては、インターネット上で、ドレスの色が、ある人には青く見え、別の人には金色に見えるという写真も一時期話題になりました。

図1　ウサギとアヒル（著者による作画）

　このような知覚的な個人差は、いわゆる正統的な個人差研究である性格とどのような関係にあるのでしょうか。性格も個人差の指標の一つですが、これまで知覚と性格の関連について十分に検討されてはいません。例外的にはロールシャッハテストを挙げることができるかもしれません。今後の研究によって知覚と性格の関係について、新たな発見があるかもしれません。つまり、いわゆる「だまし絵」や錯視図形は、教科書的には人間の感覚器官の環境への適応の問題として研究されていますが、それだけでなく、性格の評価にも使用可能かもしれません。

第5章　おわりに

　本稿は、2019年の秋から冬にかけて特別研究期間を利用してフロリダ州の Florida Institute of Technology に在籍しながら執筆しました。そして主に私が指導する学生を念頭に置いて、これまで指導してきた卒業論文の学生を思い出しながら、書き進めてきました。また、ここでは、研究のいろはの「い」から書き始め、具体的な研究方法などについても記載しています。しかし今後はここに記載したものにとどまらず、さらに面白い研究ができたらいいなと考えています。ですので、これを読んだ学生は、ここに書かれたことにとらわれすぎず、新しいことにどんどん挑戦してもらいたいと思っています。

　私の研究室では、今回書いたもの以外にも、強化スケジュール、選択行動、動機づけと知覚の関係（ニュールック心理学）、味覚変化訓練（嫌いなものを食べられるようになるための実験）、夢の分析、事後情報による動画評価の変化、ラバーハンド錯覚、音楽などの聴覚刺激が課題遂行や記憶に与える影響など、最近数年だけでもさまざまな研究が行われています。こういった幅広い研究を行ってゆき、そしてここに記載したものとは異なる、さらに新しい研究を行うことで、本学の心理学研究および教育の歴史が積み重なってゆき、いずれは大きな流れになってゆくことを期待します。それでは今年も卒業論文完成に向けてみんなで頑張っていきましょう。

非合理的選択研究の展望

井垣　竹晴

目　次

筆者が専門としてきた心理学の研究領域は、行動分析学（behavior analysis）という研究領域で、人や動物の行動変容のメカニズムを明らかにし、その知見を用いて行動の改善を目指すことを目的とする。行動分析学は、実験室の研究を主とする実験的行動分析学と、その知見を人の行動改善に役立てる応用行動分析学に分けられる。実験的行動分析学では、主にオペラント条件づけの手続きをもとに、厳密な条件統制による実験室研究によって、行動の制御要因を環境内に見出すことを目的とする（詳しくは、日本行動分析学会, 2019; 小野, 2017; 坂上・井上, 2017）。実験的行動分析学が対象とする行動は幅広いが、特に詳細に研究が進められてきたテーマとして、動物個体が示す選択（choice）行動についての研究がある（例えば、伊藤, 2017; Mazur & Fantino, 2014; 高橋, 1997）。これまで選択行動を記述する法則や、選択行動を規定する要因の探求などが検討されてきたが、後述するように、いくつかの研究は、動物個体が非合理的な（irrational）選択行動を示すことを報告してきた（レビューとして、Igaki, Romanowich, & Sakagami, 2019）。

　この非合理的な選択に関しては、経済学の新しい研究領域として近年めざましい発展を遂げている行動経済学（behavioral economics）も、研究主題として扱っている。行動経済学は、Kahneman & Tversky（1979）によるプロスペクト（prospect）理論の提唱を嚆矢として、人間の様々な経済活動に見られる非合理的な意思決定の諸相を明らかにすることを目的としている。これまでの経済学では説明が難しかった非合理的な意思決定過程をプロスペクト理論によって整合的に説明し、また様々な非合理的な意思決定現象を報告するなど、数多くの研究成果が蓄積されてきた（例えば、広田・増田・坂上, 2018; 依田, 2010; 多田, 2003; 友野, 2006）。これらの功績により、2002年に Daniel Kahneman が、2017年には Richard Thaler がノーベル経済学賞を受賞するなど、行動経済学は近年に至って目

覚ましい発展を遂げている研究領域である。

　上記のように行動経済学では、数多くの非合理的な意思決定現象が報告されてきたが、行動分析学においても非合理的な選択行動が報告されてきたため、いくつかの非合理的選択現象は、行動分析学と行動経済学間の学際的な研究テーマとして相互に研究知見を交換している（例えば、セルフ・コントロールや価値割引に関する研究）。他にも、両方の研究領域で関心がもたれてきたが、それぞれの領域で独自に研究が行われてきたものもある（例えば、選択肢の多さに関する研究）。さらには、行動分析学でのみ検討が行われている非合理的な選択行動もある（例えば、準最適選択に関する研究）。

　このように、いくつかの行動分析学の研究テーマは、行動経済学とも関連が深いため、筆者は近年、行動経済学と行動分析学の両領域が扱う学際的な研究テーマに関心を寄せ、研究を行ってきた（例えば、井垣, 2017a, 2017b; Igaki et al., 2019）。なかでも、Igaki et al.（2019）では、行動分析学の一般的な知識を紹介するとともに、非合理的な選択行動のいくつかの研究を紹介している。しかしそこでは紙幅の都合もあり、十分に非合理的選択現象について論じることはできなかった。そのため本章では、Igaki et al.（2019）の論考を踏まえつつ、新しい研究テーマや研究事例を追加して、行動経済学と行動分析学の双方で扱われてきた非合理的選択について概観したい。

1．合理性・非合理性

　非合理的選択を考える上で、行動経済学と行動分析学における合理性（rationality）とは何を意味するのかを明らかにする必要がある。合理性は、辞書的な定義では、一般的に「論理の法則に適った

性質」と書かれていることが多いが、この「論理の法則」というのが、行動経済学（もしくは経済学）や行動分析学では何に該当するのかを見てみることにしたい。

1．1．（行動）経済学における合理性

　経済学でいう合理性は、まず期待効用（expected utility）の最大化を挙げることができる。これは、von Neumann & Morgenstern（1944）の期待効用理論に始まるもので、確率で表現できるような不確実な状況で、経済人はどのように行動するのかを考える。期待効用とは、満足度の期待値を意味し、どれだけの満足度が得られるのかという期待効用を最大化するように人々は合理的に行動すると仮定される。新古典派の経済学では、期待効用を最大化する合理的経済人（ホモ・エコノミカス）が仮定されていて、この合理的経済人は、偏りのない情報を完全に備えていて、感情による判断のゆがみがないという特徴を持つ。このような合理的経済人は、判断がいつも首尾一貫しているという特徴がある。Kahneman（2011）はその著書『ファスト＆スロー』において、経済学における合理性の最も大きな特徴として、合理的経済人の示す判断の一貫性を挙げている。合理的経済人は、常にいかなる状況下でも、感情などに左右されることなく、一貫した判断を下すのである。

　当然のことながら、そのような合理的経済人を仮定した経済学の理論と現実の人間像との隔たりが存在し、結果として期待効用理論に対する反則事例（アノマリーとも呼ばれる）が数多く報告され、それがKahnemanとTverskyを代表的研究者とする行動経済学の誕生を促したことは、多くの行動経済学の概説書に記述されている通りである（広田他, 2018; 依田, 2010; 多田, 2003; 友野, 2006）。行動経済学で扱われている様々な非合理的な選択の事例については、これらの概説書を参照されたい。

1．2．行動分析学における合理性

行動分析学は、先にも述べたように行動の制御要因を、厳密な条件統制下の実験で、環境に同定していくことを目的としている。そのため行動分析学は、非合理性の追求というよりは、行動の制御要因の同定に焦点を置くことが主要な研究主題である。その研究主題を扱うために、行動分析学は様々な行動に関する原理を明らかにしてきた。経済学における「期待効用の最大化」に相当する規範的な原理に対応するものとして、強化（reinforcement）という基本的な行動原理を挙げることができる。強化とは、行動に後続してある刺激が提示・除去されることで、行動が増加する現象や手続きを指す。刺激が提示されて行動が増えることを正の強化（positive reinforcement）、刺激が除去されて行動が増えることを負の強化（negative reinforcement）と呼ぶ。正の強化の事例として、子供がお手伝いをすることに後続して、お小遣いが提示されることで、お手伝い行動が増加する例を考えることができる。また負の強化の事例としては、病院に行くことで、熱や痛みが消えることで、病院に行く行動が増加する例を考えることができる。また行動を増加させる機能を持った刺激を強化子（reinforcer）と呼び、典型的な強化子としての食物や水は、生得的に強化の機能を有している（詳しくは、実森・中島, 2000; 眞邉, 2019; 日本行動分析学会, 2019; 小野, 2017; 坂上・井上, 2017）。

行動分析学において、この強化という現象・操作や環境刺激としての強化子は、この研究領域の基本骨子ともいえ、これらを巡って膨大な研究が繰り広げられてきた。上述した選択行動は、環境において複数の強化子源がある場合に、個体がどちらの強化子源にどのように行動を配分するのかという観点から捉えることができる。これまで動物個体は、一方の選択肢で強化子が配分される割合に応じて、その選択肢に対する行動の配分を一致させるというマッチング

の法則（the matching law）が明らかにされている（Herrnstein, 1961, 1970）。

　このマッチングの法則をもとに、Rachlin, Battalio, Kagel, & Green (1981) は、選択場面において個体は獲得可能な強化子を最大化するという強化の最大化（maximization）理論を提案している。この理論によれば、個体が獲得可能な強化子を最大化しようとした結果、マッチングの法則が予測する行動の配分が生み出されることになる。この強化の最大化理論は、強化の原理をさらに発展させた理論であり、経済学の期待効用の最大化に対応する理論であるといえる。ただし、強化の最大化理論は、選択行動の研究において必ずしも全面的に支持されているわけではない（反証として例えば、Mazur, 1981; Vaughan, 1981）。しかしそれでも強化の原理は重要な行動の原理であり、これまでの実験的行動分析学の歴史は、強化の効果をどのように検討するのかの観点から語ることができるといっても過言ではない（例えば、井垣, 2009）。個体が強化の最大化を必ずしも目指しているわけではないにせよ、強化に関連する理論を、行動分析学における規範的な原理として位置づけることができる。

1．3．まとめ

　上記を整理すると、経済学における規範理論は期待効用理論であり、最大化対象は効用である。一方、行動分析学における規範理論は、強化の原理、もしくは強化最大化理論であり、最大化対象は、強化子となる（表1参照）。これら規範理論で説明できない反例や

表1　経済学と行動分析学における規範理論と最大化対象

研究領域	経済学	行動分析学
規範理論	期待効用理論	強化の原理 強化最大化理論
最大化対象	効用	強化子

変則事例が、「○△のパラドックス」や「非合理的○△」という名称で、生み出されてきているといえる。以下では、そのような非合理的な選択現象として、（1）価値割引とセルフ・コントロール、（2）選択肢の多さ、（3）準最適選択の3つを取り上げる。価値割引とセルフ・コントロールは、行動経済学と行動分析学の双方の領域で知見の相互活用をしつつ、研究が行われている。選択肢の多さは、行動経済学と行動分析学の双方の領域で独自に研究が行われている。準最適選択は行動分析学で詳細に研究が行われているが、行動経済学領域での研究は筆者の知る限りない。

2．行動分析学における選択行動の測定

　行動分析学における選択行動の検討方法については、後述する様々な研究でも用いられるため、ここで簡単に説明しておきたい。選択行動は典型的には、複数の選択肢が用意された実験場面で、動物個体がどの選択肢に選好（preference）を示すのかを測定する。各選択肢では、強化スケジュール（reinforcement schedule）と呼ばれる、強化子（動物の場合は餌、人の場合は言語的賞賛など）が提示されるための条件が設定されている。例えば、固定比率（Fixed Ratio; FR）スケジュールは、強化子を得るために決まった回数の反応が必要とされる。FR 5は5回の反応後に強化子が提示される。他にも、変動時隔（Variable Interval; VI）スケジュールは、様々に変動する時間経過後の初発反応に対して強化子が提示される。VI 20秒は、平均して20秒経過後の初発反応に強化子が提示される。
　2つ以上の選択肢が動物に同時に提示される場面は、並立（concurrent）スケジュールと呼ばれ、選択行動を測定する基本的な手続きである（図1参照）。Herrnstein（1961）は、様々なVIスケ

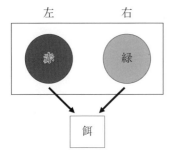

左　　　右

赤　　緑

餌

図1　並立スケジュール概略図

ジュールの組み合わせからなる並立スケジュールを用いてハトを訓練し、各選択肢に対する反応配分の割合が、各選択肢で供給される強化子の配分に一致するというマッチングの法則を見出した。

並立スケジュールは、動物個体の選択行動を測定する簡便な方法であるが、選択肢に設定される強化スケジュールが要求する反応傾向と、選択肢への選好が交絡し、純粋な選好を測定することが難しいという問題点がある。例えば、ある選択肢で非常に高い反応率が確認されたとしても、それが、その選択肢で設定される強化スケジュールがそのような高い反応率を要求した結果なのか、それともその選択肢への強い選好が示された結果なのかを区別することはできない。この問題点を克服したのが並立連鎖（concurrent chains）スケジュールと呼ばれる手続きで、複雑ではあるが、選択行動の研究では多用される手続きである。図2に並立連鎖スケジュールの概略図を示す。並立連鎖スケジュールは、2段階の反応場面で構成されており、最初の段階は初環（initial link）と呼ばれ、同一条件（位置以外の色光や強化スケジュールが同一）からなる並立スケジュールで構成されている。初環の各選択肢を選択することで（つまり初環の各選択肢で設定されている強化スケジュールの反応要求を満たすことで）、対応する終環（terminal link）に移行する。図2の左側は、初環で左キーの反応要求を満たした場合の例である。対応する終環として左キーが緑色に変化し（右キーは消灯し操作不能となる）、緑刺激で設定されている反応要求（強化スケジュール）を満たすことで強化子として餌が提示される。図2の右側は、初環で右キーの反応要求を満たした場合の例であ

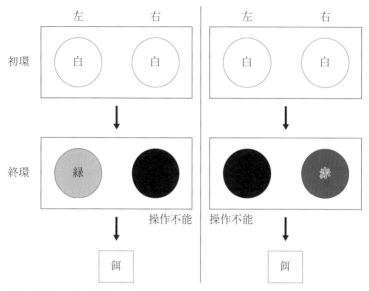

図2　並立連鎖スケジュール概略図

る。対応する終環として右キーが赤色に変化し（左キーは消灯し操作不能となる）、赤刺激の反応要求を満たして餌が提示される。このように、並立連鎖スケジュールは、選択対象（終環）と選好の測定場面（初環）を分離することで、純粋な選好を初環で測定することが可能となっている。

3．価値割引とセルフ・コントロール

価値割引（value discounting）とは、報酬の価値が様々な割引要因によって減少していく現象を指す。割引要因として遅延（delay）、確率（probability）、共有（share）、労力（effort）などがあるが、特に遅延による価値割引が詳細に検討されており（レビューとして、

Critchfield & Kollins, 2001; McKerchar & Renda, 2012; Odum, 2011; Reynolds, 2006)、行動分析学そして行動経済学の双方において扱われている学際的な研究領域である。遅延割引研究では、時間的に異なった時点で選択を求める手続きが含まれており、これが異時点での選好の逆転である選好逆転現象など、興味深い非合理的な選択現象を生み出す。

　遅延による価値割引は、典型的には、表2に示すような質問紙を用いて、遅延後の金銭報酬と今すぐ貰える金銭報酬間の選択を参加者に求める。表2は遅延が1年の場合の条件であり、条件内で遅延後の金銭報酬は変化しないが、今すぐもらえる報酬金額を段階的に減少させることによって、遅延後の金銭報酬と主観的に等しい今すぐもらえる金銭報酬を算出する。多くの参加者において、一番上の選択では、「今すぐもらえる100,000円」を選択することが予想されるが、下の選択に移行するにつれ、今すぐもらえる即時報酬から、1年後にもらえる遅延報酬へと選択が移行することが予想される。選択が移行した前後の、今すぐもらえる報酬金額の平均

表2　遅延割引質問紙（遅延条件が1年の場合）

遅延報酬選択肢		即時報酬選択肢
1年後にもらえる100,000円	vs	今すぐにもらえる100,000円
1年後にもらえる100,000円	vs	今すぐにもらえる90,000円
1年後にもらえる100,000円	vs	今すぐにもらえる80,000円
1年後にもらえる100,000円	vs	今すぐにもらえる70,000円
1年後にもらえる100,000円	vs	今すぐにもらえる60,000円
1年後にもらえる100,000円	vs	今すぐにもらえる50,000円
1年後にもらえる100,000円	vs	今すぐにもらえる40,000円
1年後にもらえる100,000円	vs	今すぐにもらえる30,000円
1年後にもらえる100,000円	vs	今すぐにもらえる20,000円
1年後にもらえる100,000円	vs	今すぐにもらえる10,000円

値が、遅延後の報酬金額と主観的に等しい今すぐもらえる金額とされる。例えば、「今すぐもらえる60,000円」は選択したが、「今すぐもらえる50,000円」は選択せずに「１年後にもらえる100,000円」を選択した場合は、60,000円と50,000円の平均である55,000円が、「１年後にもらえる100,000円」と主観的に等しい今すぐもらえる金額であるとされる。

　表２は、遅延が１年である条件を示しているが、実際には、１日後から数十年後に渡って数条件の遅延条件が設定され、数条件の遅延条件における主観的等価点を結ぶことによって、遅延割引曲線を描くことができる。なお動物を用いた場合は、調整遅延手続き（adjusting-delay procedure）を用いて、遅延割引曲線が求められるが、ここではその詳細は省略する（詳しくは、Mazur, 1987を参照）。

３．１．指数関数と双曲線関数

　遅延割引曲線に関しては、数理関数を当てはめてその曲線を記述する試みがなされており、指数（exponential）関数と双曲線（hyperbolic）関数が提案されてきた。両関数による割引曲線の例を図３に示す。

　経済学では、伝統的には次式の指数関数を適用して、遅延割引曲線が描かれてきた。

$$V = Ae^{-kD} \quad (1)$$

ここで、Vは報酬の主観的価値を、Aは報酬量、Dは報酬が得られるまでの遅延を表す。kは割引の程度を示す割引率であり、この割引率が高いほど、価値を大きく割り引くことを示す。指数関数による遅延割引曲線の大きな特徴は、割引の程度がどの遅延間隔においても変化しないことである（図３参照）。どの遅延間隔でも一定の減少を示すため、経済学における合理性としての首尾一貫した意思決定という要件を満たしている。その点で、指数関数は合理的経済

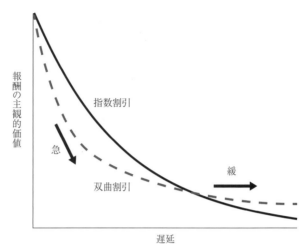

図3　指数関数と双曲線関数による遅延割引

人が示す割引を適切に記述できるといえる。

　しかし行動分析学を専門とする Mazur（1987）は、遅延割引が、指数関数よりも次式の双曲線関数によって、適切に近似できることを示した。

$$V = \frac{A}{1 + kD} \quad (2)$$

ここで V、A、D、k が意味するものは、指数関数と同じである。双曲線関数における割引（双曲割引）の大きな特徴は、遅延が短い場合は価値減少が著しい（割引率が高い）が、遅延が長い場合は価値減少が比較的緩やか（割引率が低い）になることである（図3参照）。つまり双曲割引は、遅延の長短に依存して価値減少の程度が一貫していないことを示しており、双曲割引はこのような一貫していない動物個体の価値減少を適切に記述できるとされている。

　指数関数と双曲線関数による遅延割引については、これまで多くの先行研究で、その比較がなされてきたが、指数関数よりも双曲線

関数のほうがより適切に遅延割引を記述できることが示されている（例えば、Johnson & Bickel, 2002; Mazur & Biondi, 2009）。経済学では、伝統的に指数関数が用いられてきたが、近年では（行動）経済学の領域でも双曲線関数による記述が一般的になってきている（例えば、Laibson, 1997）。

3．2．衝動性と自己制御

　遅延割引曲線の形状は、個体の重要な心理特性である衝動性（impulsivity）と自己制御もしくはセルフ・コントロール（self-control）を示すとされる。行動分析学の選択行動の研究では、遅延が短いが少ない報酬量の選択肢（short で small なので SS 選択肢と呼ばれる）と、遅延は長いが大きい報酬量の選択肢（large で long なので LL 選択肢と呼ばれる）間の選択場面での選択を、衝動性と自己制御の問題として扱ってきた。ここで衝動性は、SS 選択肢を選択する傾向を、自己制御は LL 選択肢を選択する傾向として定義される。前述した遅延による価値割引を測定する質問紙（表2）において、即時報酬を SS 選択肢として、遅延報酬を LL 選択肢として考えれば、遅延による価値割引は、衝動性と自己制御の程度を測定していると考えることができる。各遅延条件で、一貫して、即時報酬（SS）選択肢に固執する傾向が衝動性の程度を、一方、遅延報酬（LL）選択肢に早い段階で移行する傾向が、自己制御の程度を表しているとされる。衝動性と自己制御傾向の違いは、遅延割引曲線では、図4に示すように、より深く遅延による報酬を割り引く曲線は、割引率（k）が高く衝動的であるとされ、一方、より浅く遅延報酬を割り引く曲線は、割引率（k）が低く自己制御的であるとされる。

　これまでの遅延割引研究では、この衝動性と自己制御の傾向を基本的な心理特性として、様々な変数との関係が検討されてきた。例

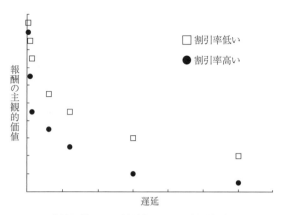

報酬の主観的価値

□ 割引率低い
● 割引率高い

遅延

図4　双曲線関数による割引率の異なる割引曲線

えば、様々な年齢において割引の傾向は異なり、若者は高齢者に比べ割引率が高く衝動的である（Green, Fry, & Myerson, 1994）。また低所得者は高所得者に比べ衝動的である（Green, Myerson, Lichtman, Rosen, & Fry, 1996）。さらに近年は、嗜癖（addiction）と、遅延割引の程度が深く関連することが示されており、喫煙、アルコール、薬物、ギャンブルに関して高い嗜癖傾向を示す人は、そうでない人に比べ高い割引率を示す（つまり衝動的である）ことが明らかにされている（レビューとして、Bickel & Marsh, 2001; Reynolds, 2006; Yi, Mitchell, & Bickel, 2010）。

3．3．選好逆転現象と先行拘束法

　前述したような双曲線関数による割引曲線の記述は、行動分析学だけでなく、行動経済学においても普及しており、とくに行動経済学では短い遅延時点における価値の急激な減少を、現在バイアス選好（present-biased preference）と呼んでいる（例えば、O'Donoghue & Rabin, 1999）。異なった遅延時間における選好は、異時点間選好と呼ばれ、双曲線関数からは異時点間で価値減少の違い

（つまり選好の違い）が導かれるため、双曲線関数は時間非整合性（time inconsistency）を示すとされる。この時間非整合性は、選好逆転（preference reversal）現象を生み出す（Ainslie & Herrnstein, 1981; Green, Fisher, Perlow, & Sherman, 1981; Rachlin & Green, 1972）。ここでもし個体の選好が、指数関数に従っている場合、選好は異時点間で異ならず、時間整合性（time consistency）を示すため、選好逆転現象は生じないことになる。しかし実際には数多くの研究で選好逆転現象が報告されており、双曲線割引が支持される根拠にもなっている。

　選好逆転現象は、日常生活においても散見される。例えば、夜寝る前には、朝の数時間の睡眠の価値は低く、朝早く起きようと目覚まし時計をかけていたが（LL選択）、実際に朝起きた時にもう数時間の睡眠を選択してしまう（SS選択）のは、LL選択肢からSS選択肢への選好逆転といえる。他にも、スーパーなどに買物に出かける前には甘いお菓子を買うつもりがなくても（LL選択）、実際にレジ前に甘いお菓子が陳列されていると、思わず衝動的に購入してしまう（SS選択）といった選好逆転もよく経験する事例である。

　近い将来に関しては衝動的で、遠い将来に関しては自己制御的という双曲割引の特徴は、遠い時点での選択が求められた場合、LL選択肢を選択できることを意味する。しかしこの特徴は、選択の機会が近づいてきてそれが近い将来になると、SS選択肢の価値が急激に増加し、衝動的な選択をしてしまうことも意味する。選好逆転現象は、図5のような価値上昇がSS選択肢とLL選択肢で異なることを示す図を用いて説明される。ここで時間T1では、遠い将来のLL選択への価値が高いが、いざSS選択肢の選択が近い将来に近づくと、SS選択肢とLL選択肢の価値が時間T2で逆転し、時間T3ではSS選択肢のほうで価値が高くなってしまう。上述した睡眠の事例では、時間T1が就寝前に、時間T2が起床時に、時間T3が

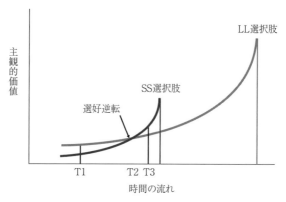

図5　選好逆転現象の概念図

起床後に相当すると考えられる。

　選好逆転現象は非合理的な意思決定の事例として紹介されるが、少なくとも遠い将来に関しては、動物個体は、自己制御選択を示すことができる。これを利用して、遠い将来に関して、一度、自己制御選択を示したら、それを変更できないようにして、自己制御選択を増加させる技法が、先行拘束法（pre-commitment strategy）と呼ばれるものである（Ariely & Wertenbroch, 2002; Strotz, 1955; Thaler & Shefrin, 1981）。先程の睡眠の事例では、目覚まし時計をかけるのも先行拘束の一種であるが、友人と朝待ち合わせをするなどすれば拘束力の強い先行拘束法となる。行動経済学では、ギリシャ神話で、英雄オデュッセウスが、怪鳥セイレーンの歌声による誘惑に備えて、自らを船柱に拘束させたエピソードが先行拘束の事例として紹介されることが多い。

3．4．行動分析学での先行拘束法

　行動分析学での先行拘束法の事例として、ハトを用いた Rachlin & Green（1972）の研究を紹介する。図6に実験手続きが示されて

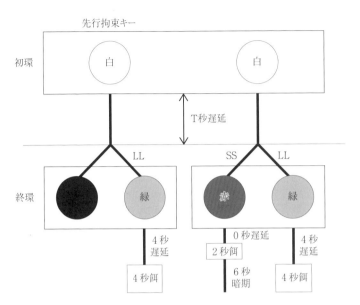

図6　Rachlin & Green（1972）の実験手続き

おり、2つの反応段階（初環と終環）からなる並立連鎖スケジュール（図2参照）が用いられている。初環において、左右2つのキーはいずれも白色で点灯され、25回キーをつつくことで終環に移行できる。初環の右キーの反応要求を満たした場合、終環では、一方のキーが赤色、もう一方のキーが緑色でランダムに点灯された（図の例では左キーが赤色、右キーが緑色に点灯している）。両キーとも、それぞれ一回キーをつつくことで餌が提示されるが、赤キーは遅延0秒で2秒間の餌が（SS選択肢）、緑キーは遅延4秒で4秒間の餌が提示された（LL選択肢）。緑キーでは餌提示後にすぐに初環に戻るが、赤キーでは餌提示後に6秒間のキー暗期の後に初環に戻る。つまり赤キーで遅延なしで即座に餌をもらったとしても、餌提示後にキー暗期があるため、赤キーで多くの餌がもらえるわけでは

ない。実際、図6の試行を一日に何度も経験するため、緑キーを選択したほうが、餌を摂取できる総時間は長い。しかしこの終環に移行した場合、多くのハトは、遅延0秒で2秒間の餌の赤キーを選択する（衝動性選択）。一方、初環の左キーの反応要求を満した場合、終環は選択場面ではなく、左右どちらか一方のキーのみが緑色で点灯され、遅延4秒で4秒間の餌が提示されるLL選択肢が設定されている（図の例では右キーが緑色で点灯されている）。つまり初環の左キーを選択することは、LL選択肢のみの場面に選択を限定するため、初環の左キーは先行拘束キーとして機能するといえる。

　Rachlin & Green（1972）の実験における重要な実験変数は、初環を満たした後に終環が出現するまでの移行時間である（図6のT秒）。移行時間は、0.5秒から16秒まで数条件設定されていた。結果として、移行時間が0.5秒や1秒、2秒と短い場合は、多くのハトは初環において右キーを選択し、結果としてSS選択肢を選択した（衝動性選択）。一方、移行時間が長くなるにつれて（4、8、16秒）、多くのハトは初環において左の先行拘束キーを選択するようになり、結果としてLL選択肢を選択した（自己制御選択）。

　この結果を解釈してみると、移行時間Tが例えば0.5秒の場合は、初環で左キーを選択した場合は餌まで0.5秒＋4秒遅延で合計4.5秒で4秒間の餌を獲得できる。一方、移行時間が0.5秒で初環において右キー選択をし、さらに終環でSS選択をした場合は、餌まで0.5秒＋0秒遅延で合計0.5秒で2秒間の餌提示となる。このように移行時間が0.5秒と短く、餌の摂取が近い将来に可能な場合は、SS選択肢が含まれる初環の右キーを選択し、結果として衝動性選択をする。一方、移行時間が16秒の場合、初環で左選択をした場合は、餌まで16秒＋4秒遅延で合計20秒で4秒間の餌提示となる。初環で右キーを選択して終環でSS選択をした場合は、16秒＋0秒で合計16秒で2秒間の餌提示となる。この場合、餌提示は20

秒や16秒と遠い将来のことになるので、先行拘束キーを選択し４秒間の餌摂取が可能な自己制御選択をすることができる。Rachlin & Green（1972）の結果は、人だけでなく、ハトも条件次第では先行拘束が可能であることを示唆している。

３．５．行動経済学における選好逆転現象と先行拘束法

　行動経済学の領域でも選好逆転現象は報告されている。Milkman, Rogers, & Bazerman（2010）は、Web上で注文する食料雑貨店の顧客データを分析した結果、注文から配達までの遅延時間の長短によって、購入される商品が異なることを見出した。遅延時間が短い場合は非健康的な商品（例えば、アイスクリーム）が、遅延時間が長い場合は健康的な商品（例えば、野菜）が注文される傾向が高かった。この結果は、注文から配達までの遅延時間によって、購入される商品の性質が変化しており、選好逆転の存在を示唆しているといえる。

　他の研究として、Read & Van Leeuwen（1998）は、一週間後の所定の時間に提供される軽食として、健康的な軽食（例えば、果物）と非健康的な軽食（例えば、チョコレート・バー）のどちらを選ぶかを選択させたところ、多くの人は健康的な軽食を選択した。一週間後に、直前で再度選択を求めると、健康的な軽食を選択した多くの人が非健康的な軽食に決定を覆す選好逆転を示すことを見出した。一方、非健康的な軽食を予め選択していた人の多くは、決定を覆さなかった。

　先行拘束法も行動経済学の領域で、活用されている。例えば、Wing, Jeffery, Burton, Thorson, Nissinoff, & Baxter（1996）は、肥満の成人女性に、食事プランとそれに対応する食料品リストを提供した。食料品リストの提供は、予め決められた食品の買い物を奨励し、それ以外の食品（例えば非健康的な食品）の購入を阻止する機

能を持つ（つまり先行拘束法として機能する）。結果として、食料品リストを提供された女性は、提供されていない女性に比べて体重が有意に減少することが確認された。

　このように行動分析学だけでなく行動経済学においても選好逆転現象は容易に生じ、先行拘束法の活用によって、LL選択肢（例えば、健康的な食事）への選択を導くことが可能となる。

4．選択肢の多さ

　選択肢が多いことは好ましいことであると一般には考えられている。豊富な選択肢が用意できることは、豊かさや自由の象徴であり、選択肢は多ければ多いほど好ましい。例えば、後に取り上げるCatania（1975）は、「自由の概念に含まれるものが何であれ、それは少なくとも選択肢の利用可能性を含んでいる。選択肢間で選択できる機会を持たない個体は、自由とはいえない」と、複数の選択肢の中から選択できることを自由と定義している。またIyengar & Lepper（2000）は、論文の冒頭で「現代社会では、より選択できることは良いことであるというのは、よく知られている前提である」と述べている。

　選択肢が多いことは望ましいという社会通念が本当に正しいのかを、実験的に確かめることは興味深い。この点については、行動分析学と行動経済学の双方の領域において検討されており、行動分析学の領域では上述したCataniaが、行動経済学ではSchwartzが代表的な研究者である。他には、上述したIyengarも、著名なジャムを用いた研究が心理学の学術誌に掲載されているが、この研究は行動経済学の領域で語られることが多い。以下に、上述した研究者の主要な研究を概観する。

4.1. 行動分析学における研究

　行動分析学では選択肢の多さは、自由選択（free-choice）場面と強制選択（forced-choice）場面間の選択として研究されている。強制選択場面では選択肢は一つ、自由選択場面は同一の選択肢が複数設定される。

　Catania（1975）では、ハトを用いて、図7のような実験装置を用いて選択肢の多さの効果が検討された。図7では、並立連鎖スケジュールの下の2つの反応キーが、初環として最初の選択場面で白色に点灯した。上の4つのキーは、初環では消灯しており、初環での選択後に終環で使用された。初環の左キーは自由選択キーとして、右キーは強制選択キーとして設定され、同一の反応要求を満たすことで終環に移行する。もしハトが左の自由選択キーを満たせば、初環で用いられた下の2つの白色キーは消灯し、上の4つのキーの左側の2つが終環として点灯し（図では青と橙）、このどちらかを選択できる。この2つのキーでは同一の条件（20秒経過後

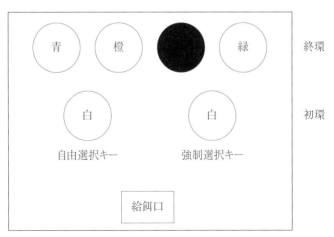

図7　Catania（1975）の実験手続き

の初発反応で餌が提示される）が設定されていて、どちらのキーで条件を満たしても同じだけの量の餌が提示される。つまり餌提示の機会が複数あるという点で、自由選択場面として定義されている。一方、初環で強制選択キーを満たせば、終環では上の4つのキーの右側の2つのどちらか1つのみが点灯する（図では最も右のキーが緑色に点灯する）。このキーは左側の終環のキーと同じ条件で（20秒経過後の初発反応で）、餌が提示される。つまり強制選択キーを選んでも終環での選択の機会はないが、もらえる餌は自由選択キーを選択した場合と同じである。Catania（1975）の実験における自由選択場面は、日常生活でいえば、同一の商品が複数並んでいる自動販売機のようなものである。そのような自動販売機は、複数種類の商品が用意できないため、空いているところに同一の商品を並べたのかもしれない。

　Catania（1975）の結果として、全体で獲得できる餌の量は自由選択場面と強制選択場面で全く同じにも関わらず、自由選択場面のほうをハトは選好することが示されている。ただしその程度はそれほど明確ではなく、自由選択場面を好んだのは全選択反応のうち6割程度であった。このCataniaの研究については、その後、様々な研究者が追試を行っている。例えば、Voss & Homzie（1970）はラットで、Suzuki（1997）はヒトで、Tiger, Hanley, & Hernandez（2006）は未就学児で検討を行っており、いずれも自由選択場面への選好が見られている（レビューとして、坂上・牧瀬, 1998を参照）。

　その他の研究として、Catania（1980）は、自由選択場面での選択肢の数を増やしても（1から4）、自由選択場面への選好は比例的に強くならないことを示している。また、Catania & Sagvolden（1980）は、弁別刺激の色や数など諸条件を統制して、Catania（1975）の追試を行い、その場合でも自由選択場面への選好を確認している。他にも、Hayes, Kapust, Leonard, & Rosenfarb（1981）

では、『自由からの逃走：ハトは選択しないことを選択する』という興味深い題目の論文で、今度は逆に強制選択場面への選好が見られる事例を報告している。Hayes et al.（1981）では、ハトが被験体として用いられ、実験手続きは図8に示されている。図6のRachlin & Green（1972）の実験手続きと類似していて、強制選択場面と自由選択場面には、4秒遅延の4秒餌の選択肢が設定されている。しかし自由選択場面ではさらに0秒遅延でT秒の餌という選択肢が追加されており、このT秒の値が、0.25秒から2秒の間で変化する。結果として、T秒が2秒のときは自由選択場面への選好が見られ、実際には0秒遅延で2秒餌の選択肢（図では赤キー）が選好される（衝動性選択）。一方、T秒が0.25秒の時は、餌が出ても、短すぎて実質的には餌を食べることはできない。しかし4秒遅

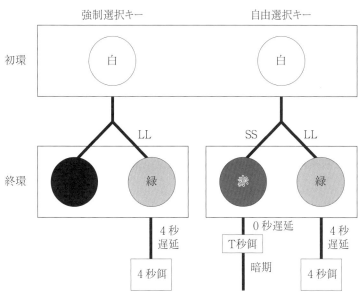

図8　Hayes et al.（1981）の実験手続き

延の4秒餌が提示される選択肢は両場面で設定されているので、全体で獲得できる餌の期待量は両場面で同じである。この場合、ハトは強制選択場面を選好することが示されている。自由選択場面の実質的には餌を獲得できない選択肢（図では赤キー）が嫌悪的な刺激として機能した可能性が考えられる。

　以上の結果をまとめると、様々な種を通じて、同一の結果をもたらす選択肢が複数用意されている自由選択場面が選好されることは確かな事実であるように思われる。しかし、Catania（1980）の結果は、選択肢が多くなるにつれて、自由選択場面への選好が強くなるわけではないこと、またHayes et al.（1981）の結果からは、含まれる選択肢の性質に依存して強制選択場面を選好することもあり、必ずしも自由選択場面が好まれるわけではないことが示唆される。

4．2．行動経済学における研究

　行動分析学における選択肢の多さの研究は、同一の結果をもたらす選択肢の多い少ないが比較されていた。一方、行動経済学の研究では、何らかの属性で異なった結果（例えば、色や味などの次元で異なる）をもたらす選択肢を複数用意して、その多い少ないでどちらが好まれるかを比較している。Iyengar & Lepper（2000）の研究がこの種の研究の代表例として紹介されることが多い。またSchwartz（2004）は、選択肢が多いことが逆に人々の満足度を減少させていることを「選択のパラドックス（paradox of choice）」と呼んでいる。

　Iyengar & Lepper（2000）の行った一連の実験は、選択肢が多いことが必ずしも好まれるわけではないことを示した研究として名高い。この研究は『*Journal of Personality and Social Psychology*』という権威ある心理学の学術誌に掲載された論文であるが、行動経済学の文脈で語られることも多いので、ここで紹介したい。彼らの実験1

では、スーパーマーケットの試食コーナーで Wilkin & Sons 社の
ジャムを試食できるようにして、6種類のジャムを用意する場合
と、24種類のジャムを用意する場合を数時間ごとに入れ替えた。
どちらの条件も、ジャムに対する親近感を等しくするため、イチゴ
やラズベリーなど代表的なものは除外されていた。また試食した
ジャムの数は、どちらの条件でも平均2種類程度と大きな違いは
なかった。試食後に、1ドルの割引券を渡して、実際に購入した
かどうかを調べた。結果として、ジャムの試食コーナーの近くを通
りかかった人のうち試食に訪れた人の割合は24種類の場合のほう
が6種類にくらべ多かったにも関わらず（24種類条件は約60％、6
種類条件は約40％）、実際にジャムを購入した人の割合は、24種類の
場合は試食した人の約3％であり、一方、6種類の場合は試食し
た人の約30％が実際に購入していた。圧倒的に6種類を提示した
場合のほうがジャムの購入が促されるという結果になった。

　Iyengar & Lepper（2000）では、他にも2つの実験を遂行し、同
様の結果を確認している。彼らの第2実験では、学生のレポート
作成におけるテーマの数に関して、第3実験では、ゴディバ社の
チョコレートの満足度評定において用意されたチョコレートの数に
関して、同様の実験を行い、選択肢の数が多い場合、実験2では
レポートの質が下がること、実験3ではチョコレートへの満足度
が低くなることを見出している。

　彼らの実験では、選択肢の多いことは必ずしも満足をもたらす
ものではなく、選択忌避につながり、一方で適度な数の選択肢が
好まれることを示している。適度な数がどれぐらいかについて、
Iyengar（2010）は、自身が著した『選択の科学』において、短期記
憶の容量として Miller（1956）が提案したマジカルナンバー7が一
つの指針になるとしている。人間が注意を向けた視聴覚対象を15
〜30秒程度覚えておくことができる短期記憶（short-term memory）

において、その容量が 7 ± 2 であることを Miller（1956）は様々な実験で示した。この数字がマジカルナンバーとされているのは、7という数値が自然現象をはじめ様々な場面で出現するからである。Iyengar（2010）は、私達が選択を行うときに、短期記憶に代表される処理能力が深く関わっていると述べる。処理能力の限界を超える選択肢が提示された時、人々は選択肢に関して過負荷状態となり選択忌避を示すのである。

　上述した『選択の科学』（Iyengar, 2010）は、選択肢の数の多さ実験を含め、様々な選択に関する研究事例がわかりやすくまとめられた良書である。この著書で Iyengar は、他の選択のパラドックスも報告している。ここでは、年金プランの選択において、選択先の投資信託の数が増加するにつれ加入率が減少することが示されている。たとえば、選択可能な投資信託数が 4 つの年金プランの場合、加入率は約75％であるが、投資信託数が59個の年金プランの場合、加入率が約60％と減少してしまうことを明らかにしている。

　選択肢が多いとどうして人々が選択忌避を示すのかについては、Schwartz（2004）が、2 つのパーソナリティ類型による説明を試みている。その類型とは、追求者（Maximizer）と満足者（Satisficer）であり、Schwartz, Ward, Monterosso, Lyubomirsky, White, & Lehman（2002）において詳細に報告されている。追求者は常に最大の成果を求める人、満足者はある程度の成果で満足する人とされる。

　Schwartz et al.（2002）では、その研究 1 で追求者を測定する心理尺度を作成し、追求者尺度得点と、幸福、自尊感情、楽観性、人生の満足度の尺度得点が負の相関を持つこと、さらに追求者尺度得点と、抑うつ、完璧主義、後悔の尺度得点が正の相関を持つことを明らかにしている。さらに研究 2 で、追求者は、そうでない人（満足者）に比べ、消費の意思決定において他者との比較をより行い、満

足せず後悔しがちであることを見出している。また研究3では、追求者は、課題をより早く遂行できる他者がいる場合に自己の能力や負の感情の表出などの点で悪影響を及ぼされること、さらに研究4で、追求者は、最後通牒ゲーム（例えば、Guth, Schmittberger, & Schwarze, 1982）の意思決定においてより後悔しがちであり満足しないことが示されている。

　Schwartz（2004）は、これら2つの類型をもとに、選択忌避が生じるメカニズムに言及している。追求者は、選択によって生じる後悔を非常に感じやすく、この後悔については、具体的には、決定した後にもう少し良い選択肢が存在したのではないかと後悔する「決定後の後悔」と、将来の選択においてまた後悔するのではないかという「予想される後悔」がある。追求者は、これらの後悔にいつも苛まれ、選択肢が多いほどこれらの後悔を感じる機会が増えて、結果として後悔回避のために選択肢が多く存在する機会を忌避するのではないかと説明される。つまり選択肢が多いほど、後悔回避のため選択肢を吟味する必要が生じ、それが満足度を減少させていく。そのため、私たちは追求者ではなく満足者を目指すべきであるとSchwartz（2004）は述べている。

4．3．選択肢の多さ研究における非合理性

　選択肢の多さに関して、動物個体の示す行動が、非合理的であるのかを明確に結論することは難しい。行動経済学の選択肢の多さ研究では、質の異なった強化子間の選択場面で、選択肢の数が多い場面を選択するほうが、自分の最適な意思決定を行う可能性が高まる点では、合理的であると思われる。しかし、数多くある選択肢の内容を吟味する労力とのトレードオフを考えれば（例えば、Reed, Kaplan, & Brewer, 2012）、適度な数の選択肢を選択することは、必ずしも非合理的であるとはいえない。

一方、Catania（1975）に代表される行動分析学における選択肢の多さ研究では、非合理的選択行動が示されている可能性を指摘できる。これらの研究では、全く同一の価値をもたらす選択肢の多い少ない（自由選択場面と強制選択場面）が実験手続きとして採用されていた。どちらの場面を選んでも、獲得できる餌の総量は等しい。もし合理的経済人的に考えるのであれば、選好は無差別（両場面間で違いはない）になるはずである。しかし選好が無差別から逸脱するという点で、動物の行動は非合理的であったといえる。このように両選択肢で同一の価値がもたらされるにも関わらず、一方の選択肢への逸脱が見られる場合も、非合理的選択と考えることができれば、非合理的選択研究の扱う領域は拡大する。後述する準最適選択研究にも、同様な実験手続きが含まれているものもある（例えば、Dunn & Spetch, 1990）。

5．準最適選択

　本節では、行動分析学や学習に関連する領域で研究が行われている準最適選択（suboptimal choice）という現象を取り上げる。強化や選択行動のマッチングの法則からは、動物個体は、より多くの餌（強化子）が提示される選択肢を選好することが予測されるが、この現象はそれとは矛盾している。例えば、動物個体が2つの選択肢間の選択場面にいると想像してほしい。ここで、一方の選択肢を選ぶと、一定の遅延後に確実に餌が提示されるが、もう一方の選択肢を選ぶと、一定の遅延後に2回に1回は餌が出るが、もう一回は餌が出ないとする。この選択場面では多くの人は、前者の確実に餌が出る選択肢を選ぶと予想できる。しかし、もしこれらの選択肢が、並立連鎖スケジュール（図2参照）の終環で、異なった色光

刺激として提示された場合、後者の2回に1回しか餌が提示されない選択肢を選好する準最適選択が報告されている（Kendall, 1974; McDevitt, Dunn, Spetch, & Ludvig, 2016; Zentall, 2016）。

　この現象は、最初は Kendall（1974）で報告され、その後、Fantino, Dunn, & Meck（1979）で一度否定されたが、Dunn や Spetch らにより1990年代に研究が続けられた。そして1990年代後半からは、Zentall と共同研究者によって精力的に研究が繰り広げられてきた（Zentall によるレビューとして、Zentall, 2016を参照）。また Zentall らによる準最適選択を説明する仮説が、初期の Dunn や Spetch の研究成果を否定するものであったため、Dunn や Spetch らも、準最適選択の研究に近年になって再び取り組んでいる（例えば、Pisklak, McDevitt, Dunn, & Spetch, 2015, 2019。また Dunn や Spetch らによるレビューとして、McDevitt et al., 2016を参照）。

　Dunn や Spetch らの研究は、実験的行動分析学の枠組みでこの現象を捉えているが、Zentall はそれにとらわれずに、比較認知心理学や学習心理学を含めたより広い枠組みでこの現象を捉えている。実際、Dunn や Spetch らは、実験的行動分析学の学術誌である『*Journal of the Experimental Analysis of Behavior*』に主に研究を報告しているが、Zentall の多くの研究は、それ以外の学習心理学に関連する学術誌で報告されている（例えば、『*Journal of Experimental Psychology: Animal Learning and Cognition*』や『*Learning and Motivation*』など）。

5．1．Kendall（1974）の研究

　準最適選択を最初に報告したのは、Kendall（1974）である。図9は彼の実験1の手続きを示している。被験体にハトが用いられ、選好を測定する手続きとして並立連鎖スケジュールが使用された。最初の選択場面の初環では、両方のキーとも色は点灯しなかったが、キーを1回つついたら（FR1スケジュール）、キーの色が変化し

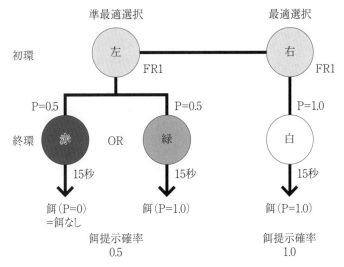

図9　Kendall（1974）の実験手続き

た。例えば、ある個体では、右キーをつついた場合、キーの色が白
色に確率1.0で変化し、一定の条件（15秒経過）が満たされると餌が
確率1.0で出現する。つまり右キーをつつけば確実に餌が提示され
る。一方、左キーをつついた場合、確率0.5で赤、もしくは確率0.5
で緑に変化する。つまり平均して2回に1回は赤、もう1回は緑
になる。左キーが赤に変化した場合は、一定の時間（15秒間）の後
に、キーは暗期となり、餌は（確率0なので）提示されない。左キー
が緑に変化した場合は、一定の時間（15秒間）後に必ず餌が提示さ
れる。全体的に考えれば、初環で右キーを選択することで、確率
1.0で餌が提示され（餌提示確率1.0）、一方、初環で左キーを選択す
ることで、確率0.5で餌が提示されることになる（餌提示確率0.5）。
したがって、初環の右キーは最適選択、左キーは準最適選択である
と考えられる。この場合、どちらの選択肢への強い選好が見られる
だろうか？

マッチングの法則や強化最大化理論からは、より多くの餌がもらえる餌提示確率1.0の最適選択キーへの選好が見られると予想できる。しかし実際にはそうでなく、多くのハトが餌提示確率0.5の左キーへの選好を示した。このように餌提示確率が低い選択肢への選好が見られることになるので、この選好は準最適選択と呼ばれている。

5．2．準最適選択の成立要因
　この準最適選択を生み出す要因は、餌の生起・非生起を予告する終環の刺激が大きな役割を果たしていると考えられる。この終環の刺激は、一定の時間後の餌の生起・非生起を予告する。終環の刺激が、餌の生起を予告する場合は、終環の刺激が強化の機能を獲得する（このように餌と繰り返し対提示されることで強化の機能を獲得した刺激を条件性強化子（conditioned reinforcer）と呼ぶ）。Kendall（1974）の手続きでは、右キーの最適選択肢の白キーも、左キーの準最適選択肢の緑キーも、確率1.0で餌提示を予告するため、条件性強化子としての価値は同じであると考えられる。しかし準最適選択が選好されるという事実は、緑キーが白キーよりも高い条件性強化子としての価値を持つことを意味している。準最適選択肢に焦点を絞れば、緑キーは赤キーとともに確率0.5で提示されるため、どちらが提示されるかは不確実である。しかし赤キーが提示されれば餌の確実な非生起を、緑キーが提示されれば餌の確実な生起を予告する。このように不確実な状況下で確実に餌を予告する刺激（緑キー）は、大きな価値を持ち、これが準最適選択を導く大きな要因になると考えられる。不確実状況下で餌を確実に予告する条件性強化子を基盤として、準最適選択を説明する仮説がいくつか提案されている。本節では、以下にDunnやSpetchらの仮説と、Zentallの仮説を取り上げる。

5．3．Dunn や Spetch らの研究

Kendall（1974）の手続をもとに、Dunn や Spetch たちによって、1990年代に精力的に研究が行われ、準最適選択が成立する諸要因が検討されてきた（例えば、Belke & Spetch, 1994; Dunn & Spetch, 1990; Fantino et al., 1979; McDevitt, Spetch, & Dunn, 1997; Spetch, Belke, Barnet, Dunn, & Pierce, 1990; Spetch, Mondloch, Belke, & Dunn, 1994）。例えば、Dunn & Spetch（1990、実験3）は、被験体にハトを用い、準最適選択の成立要因をさらに明確にするために、準最適選択の各刺激が餌を生み出すかどうかを確実には予告しない条件を追加した。図10に実験手続きを示す。図の左側は Kendall（1974）と同じく、準最適選択の各刺激が餌の生起・非生起を確実に予告する条件である。図10の右側が新しく追加された、餌の生起・非生起を確実には予告しない非予告条件である。どちらの条件ともに、準最適選択肢での餌提示確率は0.5で変わらない。しかし Dunn & Spetch（1990）のハトは、予告条件では準最適選択を、非予告条件では最適選択を選好することが示された。この実験からも、準最適選択を決定する要因は、不確実な状況下で確実に餌を予告する刺激

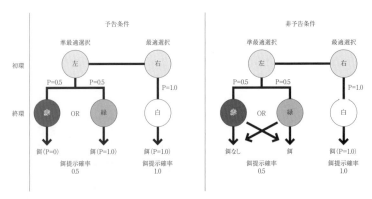

図10　Dunn & Spetch（1990）の実験手続き

が条件性強化子として重要な価値を持つことを示している。

　さらに、Dunn & Spetch（1990, 実験3）は、同じ実験で、初環の反応要求が大きくなれば、準最適選択が見られなくなることを報告している。準最適選択の多くの研究では、初環の反応要求は、たった1回の反応（FR1）により終環の刺激が出現していた。彼らは、一回の反応要求だけでなく、複数回の反応およびある程度の時間経過が必要される反応を要求した場合、準最適選択への選好が減少することを見出した。同様の傾向は、準最適選択を最初に報告したKendall（1974）も実験2で、さらにKendall（1985）でも報告されている。また近年では、Pisklak et al.（2019）やZentall, Andrews, & Case（2017）も同様の傾向を報告している。

　他にも、McDevitt et al.（1997）は、初環選択後の終環刺激の提示までに数秒間のキー暗期をはさむギャップ手続きを用いて、終環刺激の条件性強化子の価値を低下させることで、準最適選択の決定要因を検討している。彼らは、ハトを被験体として、並立連鎖スケジュールのそれぞれの終環刺激の点灯を、複数の条件にわたって、数秒間遅らせるギャップを挿入した。図11は、準最適選択肢の確率0.5で提示される、餌を確実に予告する終環刺激（図では横線）にギャップを挿入した条件を示している。結果として、この終環刺激にギャップを挿入した場合、準最適選択が大きく減少することが示された。一方、それ以外の終環刺激にギャップが挿入されても、準最適選択に大きな変化はなかった。この結果もまた不確実な状況下で確実に餌の生起を予告する刺激が大きな価値を持つことを示している。この結果はまた、準最適選択肢の確実に餌の非生起を予告する刺激（図では縦線）は、準最適選択においては重要な意味をもたないことも、併せて意味している。

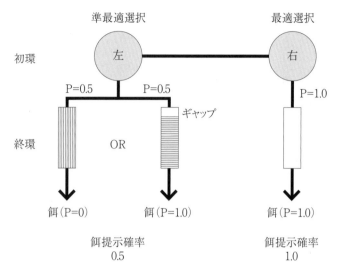

図11　McDevitt et al.（1997）の実験手続き

5．4．SiGN 仮説

Dunn や Spetch による 研究 は、2000年 に 入って からは 下火 に なったが、後述する Zentall らの 研究 を 受けて、再び 研究成果 が 報告 される ように なって きた。Pisklak et al.（2015）も、準最適選択 の 要因 として、不確実 な 状況 で 必ず 強化子 の 生起 を 予測 する 刺激 が、良い 知らせ（good news）として 強い 条件性強化子 としての 価値 を 獲得 する こと を 指摘 している。

さらに McDevitt et al.（2016）は、これ を 発展 させた SiGN（Signals for Good News）仮説 を 提唱 している（Pisklak et al., 2019も 参照）。この 仮説 では、餌獲得 に 関する 平均的 な 状況（つまり 餌提示確率）を 中立地点 として、終環 で 提示 される 刺激 が、ここ からの 状況 の 改善 を 予告 する 場合 に（つまり 良い 知らせ）、強い 条件性強化子 としての 価値 を 持つ とする。図9 を 例 に とると、準最適選択肢 の 緑刺激

は、この刺激が出現すれば確実に餌が提示されるので、状況が改善されることを意味する。つまり中立条件としての「餌提示確率0.5」から「餌が確実に（確率1.0で）提示される」に改善されることを意味する。一方、準最適選択の赤刺激は、状況の改善を意味するが（「餌提示確率0.5」から「餌提示確率0」）、このような餌の非生起を確実に予告する刺激は、上述した McDevitt et al.（1997）の研究で示されたように、選好に対して嫌悪的な影響をもたないことが明らかにされている（他にも、Stagner, Laude, & Zentall, 2011）。一方、最適選択肢の白刺激は、その刺激が提示されても、そもそもの中立条件は餌が確実に生起することなので、状況は変化しない（「餌提示確率1.0」から「餌提示確率1.0」）。McDevitt et al.（2016）は、この SiGN 仮説により、これまでの先行研究の多くの結果が説明できるとしている。

5．5．Zentall らの研究

Dunn や Spetch 陣営とは一線を画しつつも、Zentall と共同研究者は、準最適選択を測定する手続きに改変を加えて、様々な実験変数を操作して、精力的に準最適選択の研究領域を拡張している（例えば、Gipson, Alessandri, Miller, & Zentall, 2009; Laude, Beckmann, Daniels, & Zentall, 2014; Laude, Stagner, & Zentall, 2014; Molet, Miller, Laude, Kirk, Manning, & Zentall, 2012; Stagner et al., 2011; Stagner & Zentall, 2010; Zentall, 2014; Zentall et al., 2017; Zentall & Stagner, 2011）。彼らが提案する準最適選択の成立要因についての仮説は、終環刺激に価値を置く点では、Dunn や Spetch らと同じであるが、厳密にその要因を絞り込んでいる。

　上記の通り Zentall の関与した研究は多岐にわたるが、代表的なものとして、Stagner & Zentall（2010）は、ハトを被験体として、準最適選択肢において確実に餌を予告する刺激の提示確率を低く設

定しても（結果として全体の餌提示確率を低くした場合でも）、準最適
選択への選好が見られるかを検討している（図12参照）。図12から、
準最適選択肢では、確率0.8で緑刺激が、確率0.2で赤刺激が提示さ
れるが、緑刺激では餌は提示されず、赤刺激において確率1.0で確
実に餌が提示される。最適選択肢に関しては、Kendall（1974）とは
構成が変わっており、餌提示確率もこれまでの確率1.0以下に設定
されている。最適選択肢では、確率0.5で青刺激か黄刺激が出現す
るが、どちらも餌の提示確率は0.5なので、最適選択肢全体での餌
提示確率は0.5となる。したがって、全体の餌提示確率は、準最適
選択肢で0.2、最適選択肢で0.5である。そしてこの場合も準最適選
択への選好が見られることをStagner & Zentall（2010）は確認して
いる。

　他にもZentall & Stagner（2011）は、ハトを用いて、確率ではな
く強化量（餌の量）を用いた場合でも準最適選択が見られるのかに

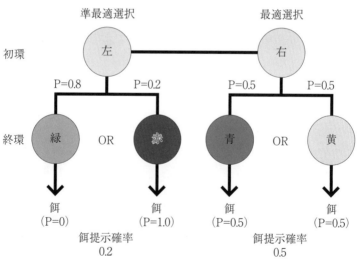

図12　Stagner & Zentall（2010）の実験手続き

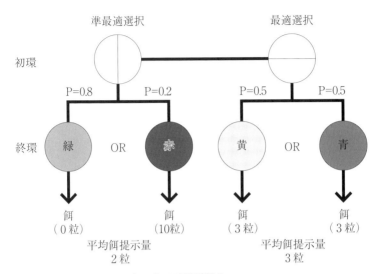

図13　Zentall & Stagner（2011）の実験手続き

ついて検討している（図13参照）。図13から、準最適選択肢での終環刺激の提示確率は0.8と0.2であるが、終環で提示される餌が、0粒と10粒と確率ではなく具体的な量で設定されている。全体での1試行あたりの平均餌提示量は、準最適選択肢では2粒、最適選択肢では3粒となり、この場合でも準最適選択肢への選好が見られる。

5．6．条件性強化子価値仮説

　準最適選択への選好が見られることに対して、Zentall（2016）は、終環で確実に餌提示を予告する刺激が重要であるとして、この点ではDunnやSpetchらのSiGN仮説と変わらない。しかし彼はその適用条件を厳密に限定している。それは以下の3つである。

（1）初環で準最適選択肢と最適選択肢を選択することにより得られる全体的な餌提示による価値（餌提示確率や餌提示量）は、

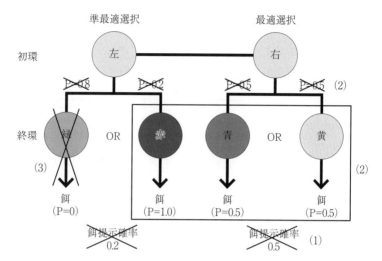

図14 Zentall（2016）の条件性強化子価値仮説

準最適選好を予測しない。

（2）終環刺激のもとで得られる餌によって終環刺激が獲得する条件性強化子の効力が、選好を決定する。どの終環刺激が提示されるかという確率は関係ない。

（3）非強化と結びつく終環刺激は選好には影響しない。

この仮説は、条件性強化子価値（conditioned reinforcer value）仮説と呼ばれ、先程の図12の例をもとに、この仮説の（1）〜（3）を適用したのが図14である。仮説の（1）〜（3）の適用により残されたものは、準最適選択肢の確率1.0で餌を予告する赤刺激と、最適選択肢の確率0.5で餌を予告する青刺激と黄刺激である。確率1.0のほうが確率0.5よりも価値は高いので、それが含まれる準最適選択肢が選好されると予想できる。

先程の SiGN 仮説と条件性強化子価値仮説を比較すると、SiGN 仮説では、終環刺激が全体の餌提示による価値の改善を予告する場

合に、準最適選択が生じるとする。一方、条件性強化子価値仮説では、純粋に終環刺激が持つ価値によって準最適選択を予測する。

　ここで、Zentall の条件性強化子価値仮説をもとに、初期のKendall（1974）や、Dunn や Spetch の研究で用いられた手続き（図９参照）を検討すると興味深い予測が得られる。条件性強化子価値仮説では、選好を決定する要因は、各終環刺激が餌提示を予告する局所的な確率のみであるため、図９の準最適選択の緑刺激の確率1.0と、最適選択の白刺激の確率1.0の比較となり、同一の確率となる。つまりこの手続きでは、条件性強化子価値仮説は、両選択肢で選好の違いは見られないこと（つまり無差別）を予測する。

　しかし Kendall（1974）や Dunn や Spetch らは図９の手続で準最適選択への選好を何度も示していて、完全に矛盾することになる。Zentall（2016）は、それら初期の研究は、初環の弁別刺激が位置要素だけであり、弁別統制が弱いことと、初期の研究は、個体差が大きいものが多数あることから、手続き上のアーチファクト（位置バイアス）だった可能性を指摘している。このような Zentall の説明に対して、Dunn や Spetch 陣営は、Pisklak et al.（2015）で、反論を展開している。

5．7．準最適選択と他の心理学的現象との関係

　準最適選択が、上述したセルフ・コントロールや価値割引と関連する可能性があることは、Dunn & Spetch 陣営も、Zentall 陣営も各所で指摘している（例えば、Dunn & Spetch, 1990; McDevitt et al., 2016; Zentall, 2016）。例えば、McDevitt et al.（2016）は、セルフ・コントロールのパラダイムと準最適選択が手続き的に類似していることを指摘している。準最適選択肢における終環の刺激は、すぐに手に入る小さな報酬（SS 強化子）として機能し、一方、最終的に獲得できる餌は、遅れて手に入る大きな報酬（LL 強化子）として

機能すると述べている。典型的なセルフ・コントロールの研究結果は、この SS 強化子が人々を衝動的選択に導くことを示してきたが、準最適選択に関連する実験手続きにおいても、LL 強化子よりも SS 強化子がより大きな影響力を持ち、これが結果として準最適選択をもたらすことにつながるとされる。

　Zentall 陣営では、Laude, Beckmann, et al.（2014）が、準最適選択と遅延価値割引の関係を検討している。彼らはハトを用いて、準最適選択と遅延価値割引を独立して測定し、割引率が高いハトほど、準最適選択をする傾向が強いことを見出している。つまり割引率が高く衝動的であるほど、準最適選択をする傾向が強いことを示している。

　他にも、Zentall（2014, 2016）は、準最適選択と人のギャンブルとの類似性を指摘している。彼らは、ギャンブルは、全投資に比べて得る金額は少ないが、大当たり（777等）の持つ魅力が大きいことを指摘し、この大当たりが、確実に餌提示を予告する刺激に相当する可能性を指摘している。ギャンブルとの関係については、Molet et al.（2012）が検討しており、大学生を用いて、ギャンブル嗜好の程度と、準最適選択を独立して測定したところ、ギャンブル嗜好の程度が高いほど、準最適選択の割合が高いことを見出している。ギャンブルに関しては、割引率が高く衝動的な傾向を示す個体ほど、病的賭博の傾向を示すことが明らかにされており（例えば、Reynolds, 2006）、ここでも衝動性と準最適選択の関係が見られている。

6. 非合理的選択研究：今後の展開

　本章では、行動分析学と行動経済学の学際的な研究テーマとして
発展している、非合理的な選択行動について、(1) 価値割引とセル
フ・コントロール、(2) 選択肢の多さ、(3) 準最適選択の 3 つの研
究テーマを取り上げ、概説してきた。(1) 価値割引とセルフ・コン
トロールでは、様々な遅延において人々の示す割引傾向が一貫し
ていないことが非合理的であるとされ、この非合理性が選好逆転現
象を生み出した。また近い将来に対する高い割引率は、遅延大報酬
ではなく即時小報酬への著しい選好を導き、全体的に高い利得の損
失につながる。(2) 選択肢の多さに関しては、明確な非合理性を定
義することは難しいが、選択肢が多いことは望ましいことであると
いう社会一般に広まっている考えに反して、選択肢が増えることが
必ずしもそれに対する選好を高めず、逆に選択肢が多い場合は選択
忌避を示すことが明らかにされた。また選択肢の多さに関する自由
選択と強制選択場面は、同一の結果をもたらすことから、選好は無
差別になることが予測されるが、実際には自由選択場面への選好の
逸脱が見られ、このような逸脱を非合理的選択と捉えることができ
る。(3) 準最適選択に関しては、その名称が示すとおり、動物個体
はある選択場面では、最適な選択肢ではなく、それよりも劣る準最
適な選択肢を選好することが報告された。強化の原理やマッチング
の法則の観点から考えれば、餌提示確率が低い選択肢を選好するこ
とは、明確に非合理的な選択を個体は示しているといえる。

　以下では、これら 3 つの研究テーマに関して、考えられる今
後の研究の展開について述べる。最後に、非合理的選択行動をめ
ぐる研究のさらなる発展を生み出す足がかりとして、動物行動学
（ethology）の観点からの非合理的選択行動を概観して結びとする。

6．1．価値割引およびセルフ・コントロール

　価値割引およびセルフ・コントロールをめぐる研究に関しては、行動分析学と行動経済学の双方の領域において研究が進められ、それぞれの領域がもう一方の領域での知見を相互活用しつつ研究は進展している（例えば、池田, 2012; 高橋, 2017）。価値割引や衝動性に関して、近年では特に、嗜癖との関係が検討され、嗜癖において衝動性が大きな役割を果たすことが示唆されている（レビューとして、Bickel & Marsh, 2001; Reynolds, 2006; Yi et al., 2010）。この嗜癖と衝動性についての研究成果をもとに、人々の行動を、健康増進の方向に変化させる試みが、「行動健康経済学」として依田・西村・後藤（2009）によって提案されている。薬物による嗜癖は、長い目で見れば有害であることは明らかなものの、薬物の摂取によって、即時ではあるが小報酬とはいえない快楽が提供されるのだろう。今後は、薬物やギャンブルが持つ非合理性・合理性について検討が加えられる必要がある。

　また価値割引では、遅延以外にも、確率や社会割引に関しても研究の進展が見られつつある（例えば、井垣, 2019）。確率割引は、リスク嫌悪とリスク志向を、社会割引は、利己性と利他性を示すとされ、いずれも心理学的および経済学的にも重要な特性であると考えられる。これらについても、様々な実験変数との関連性など多様な研究の展開が可能であるが、遅延割引に比べると現時点での研究数は少ないため、今後の研究の展開が期待される。

6．2．選択肢の多さ

　選択肢の多さに関しては、行動分析学と行動経済学では、それを検討する実験手続きがかなり異なっているので、一概に同じ土俵で比較するのは難しい。行動分析学の研究からは、自由選択場面が一般的に好まれるが、選択肢の数が多くなるにつれて選好が増大する

わけではないことが示されていた（Catania, 1980）。自由選択場面の選択肢は完全に同じ結果をもたらすものであったため、選択肢の数が増えることによるどのような強化価値の改善もない。それにも関わらず、自由選択場面への選好が見られることは、複数の選択肢が用意されていること自体が強化価値を持つことを意味する。一方、行動経済学の研究では、複数の選択肢は、ジャムの味の違いのように（Iyengar & Lepper, 2000）、同じ種類ではあるが質が異なっていた。この場合、多すぎる選択肢は、様々な後悔を生み出す可能性を増加させ、結果として選択忌避が生じた。これらの研究から可能な一般化は、選択肢のない状況も、逆に選択肢が多すぎる状況も、選好されず、適度な選択肢の数が好まれるということである。この一般化が正しいかどうかは、さらに研究を積み重ねて確認する必要がある。例えば、人における適度な選択肢の数は、マジカルナンバー7（Miller, 1956）が示唆されたが、人以外の動物ではどうなるかは興味深い問いである。

　選択肢の多さに関しては、行動分析学と行動経済学の双方の領域で独立して研究が進められており、研究知見の相互交換がなされていないのが現状である。そのため、双方の領域が、もう一方の領域の研究成果をまずは追試するところから始める必要があるだろう。行動分析学の選択肢の多さ研究は、主に動物が用いられている。一方、行動経済学の研究ではほとんどが人を用いている。そのため、例えば、行動分析学の自由選択場面と強制選択場面間の選択を、ジャムやジュースなどを用いた様々な選択場面で、人を用いて検討する試みは興味深い。また行動経済学の強化子の質が異なった選択肢の数に関して、人以外の動物がどのような選好を示すのかも興味深い。

６．３．準最適選択

　準最適選択の規定要因については、Dunn と Spetch 陣営と Zentall 陣営で理論対立があるが、いずれも終環刺激が条件性強化子としての高い価値を持つことを示している。Zentall の研究は、適用条件を厳密に絞り込んでいるため、今後、他の陣営からその反証を試みる研究が報告されるかもしれない。また準最適選択は、行動分析学の領域でのみ研究が行われていて、行動経済学領域では筆者の知る限り研究が行われていない。行動経済学領域での研究の端緒を開くために必要なことは、やはり人を用いた研究を積極的に行うことであろう。これまでの準最適選択の研究の多くは、ハトを用いた研究であるが、人において準最適選択を検討した研究は２つだけある。一つは、上述した、大学生を用いて準最適選択とギャンブルの関係を検討した Molet et al.（2012）である。彼らの結果では、ギャンブルを頻繁に行っていると自己報告した学生は準最適選択を選好する傾向が見られたが、ギャンブルを行わないと自己報告した学生は準最適選択を示さなかった。

　ヒトを用いて準最適選択を検討したもう一つの研究は、中程度の発達遅滞を示す児童を用いた Lalli, Mauro, & Mace（2000）の研究である。彼らは、実験１で図９の Kendall（1974）に類似した実験手続きを用い、一部の条件において、児童が準最適選択肢を選好することを見出した。さらに実験２では、上述した McDevitt et al.（1997）と同様に、準最適選択肢の確実に餌を予告する刺激にギャップを挿入した場合に、準最適選択肢への選好が見られなくなることを報告した。このように、Lalli et al.（2000）の研究は、ハトを用いた準最適選択の結果を人で追試している。

　人を用いた研究はこの２例だけなので、ここから何らかの一般化を導くことは難しいが、一ついえることは、ギャンブルなどの依存傾向のない健常の成人で準最適選択を明確に報告した研究はない

ということである。今後は、人で準最適選択が見られるのかどうか
を明確にすること、さらにハト以外の様々な動物個体における準最
適選択の程度を検討するなど、比較心理学的な観点からの検討が必
要とされよう。

6. 4. 動物行動学

　本章では、行動分析学と行動経済学の領域において研究されてい
る非合理的選択行動を、3つの研究テーマをもとに、概説してき
た。しかしながら、非合理的な選択に関する学際研究については、
行動経済学と行動分析学間だけでなく、動物行動学（ethology）と
の関係も含めることができる。動物行動学という学問領域は、自然
選択（進化論）の観点から様々な動物行動の法則やメカニズムにつ
いて探求していくことを研究主題とする。経済学の期待効用の最
大化、行動分析学の強化の原理や強化最大化理論といった規範理
論に対応するものとしては、Stephens & Krebs（1986）の最適採餌
（optimal foraging）理論が挙げられる。最適採餌理論では、採餌のエ
ネルギー効率を最適化するために、どのような採餌戦略がなされる
べきかを探求し、ここで最適化されるものは、自分の遺伝子をど
れだけ後世に残せるかに関連する包括適応度（inclusive fitness）であ
る。

　近年、動物行動学の研究者が、行動分析学や行動経済学の研究
テーマを、動物行動学や最適採餌理論の視点で捉え直す試みを行っ
ている。例えば、選択の傾向が文脈によって変化する「選択の文
脈」研究に関しては、魅力効果（Huber, Payne, & Puto, 1982）な
ど興味深い現象が行動経済学の領域で報告されてきたが（詳しい
レビューは、奥田, 2008を参照）、この魅力効果に関して、例えば、
Bateson, Healy, & Hurly（2002, 2003）はハチドリを用いて検討を加
えている。他にも、回収不能な過去の費用が将来の意思決定に影

響を及ぼすサンクコスト効果（Arkes & Blumer, 1985）も行動経済学で検討されてきたテーマであるが、Dawkins & Brockman（1980）は、ジガバチのメスの争いに関してサンクコスト効果の存在を検証している。また本章で扱ったテーマに関しても、動物行動学もしくは最適採餌理論の視点から検討が加えられている。価値割引に関しては、Stevens & Stephens（2010）が、選択肢の多さに関しては、Waite & Passino（2006）が、準最適選択に関しては、Vasconcelos, Machado, & Pandeirada（2018）が検討を加えている。

　これら動物行動学や最適採餌理論の観点からの研究のいくつかは、行動経済学や行動分析学では非合理的とされている現象が、実は非合理的ではなく、動物個体が生存し、種を存続させていく点で、適応的な意味を持つ合理的な行動である可能性を指摘している（例えば、Bateson, 2010）。このような非合理的とされてきた選択行動に、合理的な理由があるという指摘は、これまでの研究を抜本的に変化させる可能性がある。今後の非合理的選択行動に関する研究は（特に行動分析学や行動経済学における研究は）、このような動物行動学サイドからの提案をどのように消化し取り入れていくかを考える必要があるだろう。本章では、動物行動学の観点からの非合理的選択行動については、紙幅の都合上から扱えなかったため、別の機会に改めて論じてみたい。

　本章では、非合理的選択行動というキーワードをもとに、行動分析学と行動経済学間の学際的な研究事例を、3つの研究テーマに絞って概説した。このような学際的な研究は、知見の相互活用によって、それぞれの領域での研究が鼓舞され、新しい研究成果の創出につながることが期待できる。しかし研究領域間の研究手法の違いなど乗り越えるべき壁も高く、学際研究は、「言うは易く行うは難し」が実情であろう。本書で取り上げた研究テーマ以外にも様々

な非合理的選択行動が存在し、それらの多くは学際研究を遂行することでさらに発展する可能性を秘めている。そのような学際研究の困難を乗り越えた先に、非合理的選択研究の新しい展開が待っているかもしれない。

引用文献

Ainslie, G., & Herrnstein, R. J. (1981). Preference reversal and delayed reinforcement. *Animal Learning & Behavior*, *9*, 476-482.

Ariely, D., & Wertenbroch, K. (2002). Procrastination, deadlines, and performance: Self-control by precommitment. *Psychological Science*, *13*, 219-224.

Arkes, H. R., & Blumer, C. (1985). The psychology of sunk cost. *Organizational Behavior & Human Decision Processes*, *35*, 124-140.

Bateson M. (2010). Rational choice behavior: Definitions and evidence. In M. D. Breed & J. Moore (Eds.), *Encyclopedia of Animal Behavior Vol 3*, (pp. 13-19), Oxford, UK: Academic Press.

Bateson, M., Healy, S. D., & Hurly, T. A. (2002). Irrational choices in hummingbird foraging behaviour. *Animal Behaviour*, *63*, 587-596.

Bateson, M., Healy, S. D., & Hurly, T. A. (2003). Context-dependent foraging decisions in rufous hummingbirds. *Proceedings of the Royal Society of London B: Biological Sciences*, *270*, 1271-1276.

Belke, T. W., & Spetch, M. L. (1994). Choice between reliable and unreliable reinforcement alternatives revisited: Preference for unreliable reinforcement. *Journal of the Experimental Analysis of Behavior*, *62*, 353-366.

Bickel, W. K., & Marsch, L. A. (2001). Toward a behavioral economic understanding of drug dependence: delay discounting processes. *Addiction*, *96*, 73-86.

Catania, A. C. (1975). Freedom and knowledge: An experimental analysis of preference in pigeons. *Journal of the Experimental Analysis of Behavior*, *24*, 89-106.

Catania, A. C. (1980). Freedom of choice: A behavioral analysis. *Psychology of Learning and Motivation*, *14*, 97-145.

Catania, A. C., & Sagvolden, T. (1980). Preference for free choice over forced choice in pigeons. *Journal of the Experimental Analysis of Behavior*, *34*, 77-86.

Critchfield, T. S., & Kollins, S. H. (2001). Temporal discounting: Basic research and the analysis of socially important behavior. *Journal of Applied Behavior Analysis, 34*, 101-122.

Dawkins, R., & Brockmann, H. J. (1980). Do digger wasps commit the Concorde fallacy? *Animal Behaviour, 28*, 892-896.

Dunn, R., & Spetch, M. L. (1990). Choice with uncertain outcomes: Conditioned reinforcement effects. *Journal of the Experimental Analysis of Behavior, 53*, 201-218.

Fantino, E., Dunn, R., & Meck, W. (1979). Percentage reinforcement and choice. *Journal of the Experimental Analysis of Behavior, 32*, 335-340.

Gipson, C. D., Alessandri, J. J., Miller, H. C., & Zentall, T. R. (2009). Preference for 50% reinforcement over 75% reinforcement by pigeons. *Learning & Behavior, 37*, 289-298.

Green, L., Fisher, E. B., Perlow, S., & Sherman, L. (1981). Preference reversal and self-control: Choice as a function of reward amount and delay. *Behaviour Analysis Letters, 1*, 43-51.

Green, L., Fry, A. F., & Myerson, J. (1994). Discounting of delayed rewards: A life-span comparison. *Psychological Science, 5*, 33-36.

Green, L., Myerson, J., Lichtman, D., Rosen, S., & Fry, A. (1996). Temporal discounting in choice between delayed rewards: The role of age and income. *Psychology and Aging, 11*, 79-84.

Guth, W., Schmittberger, R., & Schwarze, B. (1982). An experimental analysis of ultimatum bargaining. *Journal of Economic Behavior and Organization, 3*, 367-388.

Hayes, S. C., Kapust, J., Leonard, S. R., & Rosenfarb, I. (1981). Escape from freedom: Choosing not to choose in pigeons. *Journal of the Experimental Analysis of Behavior, 36*, 1-7.

Herrnstein, R. J. (1961). Relative and absolute strength of response as a function of frequency of reinforcement. *Journal of the Experimental Analysis of Behavior, 4*, 267-272.

Herrnstein, R. J. (1970). On the law of effect. *Journal of the Experimental Analysis of Behavior, 13*, 243-266.

広田 すみれ・増田 真也・坂上 貴之（編著）(2018). 心理学が描くリスクの世界―行動的意思決定入門（第 3 版） 慶應義塾大学出版会

Huber, J., Payne, J. W., & Puto, C. (1982). Adding asymmetrically dominated alternatives: Violations of regularity and the similarity hypothesis. *Journal of Consumer Research, 9*, 90-98.

依田 高典 (2010). 行動経済学―感情に揺れる経済心理 中央公論新社

依田 高典・西村 周三・後藤 励 (2009) . 行動健康経済学—人はなぜ判断を誤る
のか　日本評論社

井垣 竹晴 (2009). 変化抵抗を測る　坂上 貴之（編著）　意思決定と経済の心理
学 (pp.69-88)　朝倉書店

井垣 竹晴 (2017a). 経済行動におけるセルフ・コントロールと衝動性　高橋 雅
治（編著）　セルフ・コントロールの心理学—自己制御の基礎と教育・医
療・矯正への応用 (pp.39-65)　北大路書房

井垣 竹晴 (2017b). 肥満とセルフ・コントロール　高橋 雅治（編著）　セル
フ・コントロールの心理学—自己制御の基礎と教育・医療・矯正への応用
(pp.175-199)　北大路書房

井垣 竹晴 (2019). 社会割引研究の現状と展望　三田哲学, *142*, 97-126.

Igaki, T., Romanowich, P., & Sakagami, T. (2019). Experiments in psychology:
Current issues in irrational choice behavior. In T. Kawagoe & H. Takizawa
(Eds.), *Diversity of Experimental Methods in Economics* (pp.79-115). Springer,
Singapore.

池田 新介 (2012). 自滅する選択—先延ばしで後悔しないための新しい経済学
東洋経済新報社

伊藤 正人 (2017). マッチング関数を使う　坂上 貴之（編著）　意思決定と経済
の心理学 (pp.9-29)　朝倉書店

Iyengar, S. S. (2010). *The art of choosing*. New York: Twelve.（アイエンガー, S. 櫻井
祐子（訳）(2010). 選択の科学 文藝春秋）

Iyengar, S. S., & Lepper, M. R. (2000). When choice is demotivating: Can one
desire too much of a good thing? *Journal of Personality and Social Psychology*, *79*,
995-1006.

実森 正子・中島 定彦 (2000). 学習の心理—行動のメカニズムを探る　サイエン
ス社

Johnson, J. W., & Bickel, W. K. (2002). Within-subject comparison of real and
hypothetical money rewards in delay discounting. *Journal of the Experimental
Analysis of Behavior*, *77*, 129-146.

Kahneman, D. (2011). *Thinking, fast and slow*. New York: Farrar, Straus and Giroux.
（カーネマン, D. 村井 章子（訳）(2014). ファスト＆スロー（上・下）あな
たの意思はどのように決まるか？ 早川書房）

Kahneman, D., & Tversky, A. (1979). Prospect theory: An analysis of decision
under risk. *Econometrica*, *47*, 263-291.

Kendall, S. B. (1974). Preference for intermittent reinforcement. *Journal of the
Experimental Analysis of Behavior*, *21*, 463-473.

Kendall, S. B. (1985). A further study of choice and percentage reinforcement. *Behavioural Processes*, *10*, 399-413.

Laibson, D. (1997). Golden eggs and hyperbolic discounting. *Quarterly Journal of Economics*, *112*, 443-477.

Lalli, J. S., Mauro, B. C., & Mace, F. C. (2000). Preference for unreliable reinforcement in children with mental retardation: The role of conditioned reinforcement. *Journal of Applied Behavior Analysis*, *33*, 533-544.

Laude, J. R., Beckmann, J. S., Daniels, C. W., & Zentall, T. R. (2014). Impulsivity affects suboptimal gambling-like choice by pigeons. *Journal of Experimental Psychology: Animal Learning and Cognition*, *40*, 2-11.

Laude, J. R., Stagner, J. P., & Zentall, T. R. (2014). Suboptimal choice by pigeons may result from the diminishing effect of nonreinforcement. *Journal of Experimental Psychology: Animal Learning and Cognition*, *40*, 12-21.

眞邉 一近 (2019). ポテンシャル学習心理学　サイエンス社

Mazur, J. E. (1981). Optimization theory fails to predict performance of pigeons in a two-response situation. *Science*, *214*, 823-825.

Mazur, J. E. (1987). An adjusting procedure for studying delayed reinforcement. In M. L. Commons, J. E. Mazur, J. A. Nevin, & H. Rachlin (Eds.), *Quantitative analyses of behavior: Vol. 5. The effect of delay and intervening events on reinforcement value* (pp. 55-73). Hillsdale, NJ: Erlbaum.

Mazur, J. E., & Biondi, D. R. (2009). Delay-amount tradeoffs in choices by pigeons and rats: Hyperbolic versus exponential discounting. *Journal of the Experimental Analysis of Behavior*, *91*, 197-211.

Mazur, J. E., & Fantino, E. (2014). Choice. In F. K. McSweeney & E. S. Murphy (Eds.), *The Wiley Blackwell handbook of operant and classical conditioning* (pp. 195-220). New York: John Wiley & Sons.

McDevitt, M. A., Dunn, R. M., Spetch, M. L., & Ludvig, E. A. (2016). When good news leads to bad choices. *Journal of the Experimental Analysis of Behavior*, *105*, 23-40.

McDevitt, M. A., Spetch, M. L., & Dunn, R. (1997). Contiguity and conditioned reinforcement in probabilistic choice. *Journal of the Experimental Analysis of Behavior*, *68*, 317-327.

McKerchar, T. L., & Renda, C. R. (2012). Delay and probability discounting in humans: An overview. *The Psychological Record*, *62*, 817-834.

Milkman, K. L., Rogers, T., & Bazerman, M. H. (2010). I'll have the ice cream soon and the vegetables later: A study of online grocery purchases and order lead time. *Marketing Letters*, *21*, 17-35.

Miller, G. A. (1956). The magical number seven, plus or minus two: Some limits on our capacity for processing information. *Psychological Review*, *63*, 81-97.

Molet, M., Miller, H. C., Laude, J. R., Kirk, C., Manning, B., & Zentall, T. R. (2012). Decision making by humans in a behavioral task: Do humans, like pigeons, show suboptimal choice? *Learning & Behavior*, *40*, 439-447.

日本行動分析学会（編）(2019). 行動分析学事典　丸善出版

O'Donoghue, T., & Rabin, M. (1999). Doing it now or later. *American Economic Review*, *89*, 103-124.

Odum, A. L. (2011). Delay discounting: I'm a k, you're a k. *Journal of the Experimental Analysis of Behavior*, *96*, 427-439.

奥田 秀宇 (2008). 意思決定心理学への招待　サイエンス社

小野 浩一 (2017). 行動の基礎―豊かな人間理解のために（改訂版）　培風館

Pisklak, J. M., McDevitt, M. A., Dunn, R. M., & Spetch, M. L. (2015). When good pigeons make bad decisions: Choice with probabilistic delays and outcomes. *Journal of the Experimental Analysis of Behavior*, *104*, 241-251.

Pisklak, J. M., McDevitt, M. A., Dunn, R. M., & Spetch, M. L. (2019). Suboptimal choice and initial-link requirement. *Journal of the Experimental Analysis of Behavior*, *112*, 242-253.

Rachlin, H., Battalio, R., Kagel, J., & Green, L. (1981). Maximization theory in behavioral psychology. *Behavioral and Brain Sciences*, *4*, 371-388.

Rachlin, H., & Green, L. (1972). Commitment, choice and self-control. *Journal of the Experimental Analysis of Behavior*, *17*, 15-22.

Read, D., & Van Leeuwen, B. (1998). Predicting hunger: The effects of appetite and delay on choice. *Organizational Behavior and Human Decision Processes*, *76*, 189-205.

Reed, D. D., Kaplan, B. A., & Brewer, A. T. (2012). Discounting the freedom to choose: Implications for the paradox of choice. *Behavioural Processes*, *90*, 424-427.

Reynolds, B. (2006). A review of delay-discounting research with humans: Relations to drug use and gambling. *Behavioural Pharmacology*, *17*, 651-667.

坂上 貴之・井上 雅彦 (2017). 行動分析学―行動の科学的理解をめざして　有斐閣

坂上 貴之・牧瀬 隆之 (1998). 選択肢の多さは好まれるか　慶應義塾大学大学院社会学研究科紀要, *47*, 17-26.

Schwartz, B. (2004). *The paradox of choice: Why more is less*. New York: Ecco Press.

（シュワルツ, B. 瑞穂 のりこ（訳）(2004). なぜ選ぶたびに後悔するのか──「選択の自由」の落とし穴 武田ランダムハウスジャパン）

Schwartz, B., Ward, A., Monterosso, J., Lyubomirsky, S., White, K., & Lehman, D. R. (2002). Maximizing versus satisficing: Happiness is a matter of choice. *Journal of Personality and Social Psychology*, *83*, 1178-1197.

Spetch, M. L., Belke, T. W., Barnet, R. C., Dunn, R., & Pierce, W. D. (1990). Suboptimal choice in a percentage-reinforcement procedure: Effects of signal condition and terminal-link length. *Journal of the Experimental Analysis of Behavior*, *53*, 219-234.

Spetch, M. L., Mondloch, M. V., Belke, T. W., & Dunn, R. (1994). Determinants of pigeons' choice between certain and probabilistic outcomes. *Animal Learning & Behavior*, *22*, 239-251.

Stagner, J. P., Laude, J. R., & Zentall, T. R. (2011). Sub-optimal choice in pigeons does not depend on avoidance of the stimulus associated with the absence of reinforcement. *Learning and Motivation*, *42*, 282-287.

Stagner, J. P., & Zentall, T. R. (2010). Suboptimal choice behavior by pigeons. *Psychonomic Bulletin & Review*, *17*, 412-416.

Stephens, D. W., & Krebs, J. R. (1986). *Foraging theory*. Princeton, NJ: Princeton University Press.

Stevens, J. R., & Stephens, D. W. (2010). The adaptive nature of impulsivity. In G. J. Madden & W. K. Bickel (Eds.), *Impulsivity: The behavioral and neurological science of discounting* (pp. 361-388). Washington, DC: American Psychological Association.

Strotz, R. H. (1955). Myopia and inconsistency in dynamic utility maximization. *The Review of Economic Studies*, *23*, 165-180.

Suzuki, S. (1997). Effects of number of alternatives on choice in humans. *Behavioural Processes*, *39*, 205-214.

多田 洋介 (2003). 行動経済学入門 日本経済新聞社

高橋 雅治 (1997). 選択行動の研究における最近の展開：比較意思決定研究にむけて 行動分析学研究, *11*, 9-28.

高橋 雅治 (2017). セルフ・コントロールの心理学──自己制御の基礎と教育・医療・矯正への応用 北大路書房

Thaler, R. H., & Shefrin, H. M. (1981). An economic theory of self-control. *Journal of Political Economy*, *89*, 392-406.

Tiger, J. H., Hanley, G. P., & Hernandez, E. (2006). An evaluation of the value of choice with preschool children. *Journal of Applied Behavior Analysis*, *39*, 1-16.

友野 典男 (2006). 行動経済学 —経済は「感情」で動いている　光文社

Vasconcelos, M., Machado, A., & Pandeirada, J. N. S. (2018). Ultimate explanations and suboptimal choice. *Behavioural Processes*, *152*, 63-72.

Vaughan, W. (1981). Melioration, matching, and maximization. *Journal of the Experimental Analysis of Behavior*, *36*, 141-149.

von Neumann, J., & Morgenstern, O. (1944). *Theory of games and economic behavior*. Princeton, NJ: Princeton University Press. (フォン・ノイマン, J., & モルゲンシュテルン, O. 銀林 浩・橋本 和美・宮本 敏雄 (訳) (1973). ゲームの理論と経済行動 東京図書)

Voss, S. C., & Homzie, M. J. (1970). Choice as a value. *Psychological Reports*, *26*, 912-914.

Waite, T. A., & Passino, K. M. (2006). Paradoxical preferences when options are identical. *Behavioral Ecology and Sociobiology*, *59*, 777-785.

Wing, R. R., Jeffery, R. W., Burton, L. R., Thorson, C., Nissinoff, K. S., & Baxter, J. E. (1996). Food provision vs structured meal plans in the behavioral treatment of obesity. *International Journal of Obesity*, *20*, 56-62.

Yi, R., Mitchell, S. H., & Bickel, W. K. (2010). Delay discounting and substance abuse-dependence. In G. J. Madden & W. K. Bickel (Eds.), *Impulsivity: The behavioral and neurological science of discounting* (pp. 191-211). Washington, DC: American Psychological Association.

Zentall, T. R. (2014). Suboptimal choice by pigeons: An analog of human gambling behavior. *Behavioural Processes*, *103*, 156-164.

Zentall, T. R. (2016). Resolving the paradox of suboptimal choice. *Journal of Experimental Psychology: Animal Learning and Cognition*, *42*, 1-14.

Zentall, T. R., Andrews, D. M., & Case, J. P. (2017). Prior commitment: Its effect on suboptimal choice in a gambling-like task. *Behavioural Processes*, *145*, 1-9.

Zentall, T. R., & Stagner, J. (2011). Maladaptive choice behaviour by pigeons: An animal analogue and possible mechanism for gambling (sub-optimal human decision-making behaviour). *Proceedings of the Royal Society of London B: Biological Sciences*, *278*, 1203-1208.

ゲームデザイン・トレーニング
—クロスロード留学生版のデザインプロセス—

中村　美枝子

目　次

1．はじめに

　ゲームを通じて実践される様々な活動は、「未来との対話」（Duke, 1974）を可能にすると考えられている。ここでいうゲームとは、主に教育や研修、研究の場で利用されている知的な活動を中心とするゲームのことをさしている。ゲームという仮想空間の中での経験とそれをふりかえる一連の活動を、ここではゲーミングと呼ぶことにしよう。中村（2019）はゲーミングを次のように説明している。「複数のプレーヤーが知的ゲームを相互に作用しながら演習することによって、理解を深めたり、創造力を発揮したり、複数の選択肢について可能性を試したりする。空間を共有することで、かみ合う議論が可能になる。また、複眼的な視野が得られ、全体像の把握や相互理解につながる。」

　ゲーミングに参加するということは、デザインされたゲームという仮想空間の中で、デザイナーが用意した仕組みを経験することである。その仮想空間の中で起こった出来事、他のプレーヤーとの相互作用、そして自分自身の意思決定や行動などから、私たちは未来の現実に向けて学ぶことができる。

　ゲームに参加することはもちろんだが、ゲームをデザインすることで、私たちは、より深い洞察の機会をもつことになる。未来を意識したゲームをデザインするということは、それまでの経験をふまえて未来について考えること、と捉えられる。ゲームをデザインするためには、現実を注意深く観察し、その背景にあるものを理解する必要がある。実態を深く理解し、構造化することによって、はじめてゲームに落とし込むことができる。ゲームでは、表面的な類似性よりも、構造や仕組みの相似性が重要である。

　ここでは、『クロスロード』として知られている防災ゲームを参

考に、留学生版を作成する過程を紹介し、そこから得られる知見を考察していく。

本章の目的は以下の通りである。

1）フレームゲームを利用したゲームデザインのプロセスを紹介する。

2）成果物としての『クロスロード留学生版』を紹介する。

3）アンパッキングという観点から、ゲームデザインのプロセスを考察する。

1．1　『クロスロード』

『クロスロード──神戸編・市民編──』は、阪神淡路大震災で災害対応にあたった神戸市役所職員へのインタビューをふまえて作成された、カードゲーム形式の防災教材である（Web サイト：内閣府防災情報のページ「特集想像力を高めて『もしも』に備える！災害をイメージし、防災につながる行動へ【コンテンツ編】」参照）。『クロスロード』は、ジレンマに直面した際によりよい判断をするための準備・対策を支援するゲームであり、防災対策演習として利用されている。オリジナル版は防災をテーマにしているが、食品衛生や感染症対策をテーマにしたバージョンも開発されている。多くのバージョンが存在するが、その起源は『クロスロード──神戸編・市民編──』にある。オリジナル版の『クロスロード』では、たとえば以下のような場面設定がされている（矢守・吉川・網代, 2005）。

　神戸編1008

あなたは、食料担当の職員
被災から数時間。避難所には3000人が避難しているとの確かな情報が得られた。現時点で確保できた食料は2000食。以降の見通しは、今のところなし。まず、2000食を配る？
回答：　「YES　配る」　or　「NO　配らない」

プレーヤーは、自分なりの理由を考え、「YES」か「NO」を選び、自分の前にどちらか一方のカードを裏返して置く。合図で一斉にオープンし、多数派の人は、青座布団を獲得できる。一人だけの人がいる場合、その人は金座布団を獲得し、他のプレーヤーは何ももらえない。たとえば5人グループの場合、3対2なら3人が青座布団、4対1なら1人が金座布団を得る。座布団の配布を終えたら、問題を全員で話し合う。10枚の問題カードを終えたときに、一番多くの座布団を持っていた人が勝ちとなる。

　メンバーが「YES」または「NO」を選んだ理由を聞くことで、多くの価値観や視点に出会うことができる。災害を自分の身に引き寄せて考えると同時に、他者のさまざまな考えを知ることができる。上述の Web サイト内閣府防災情報のページに紹介されている意見は次の通りである。

YES の理由として考えられる意見：
・お年寄りや病気の方、子どもに先に配り、体力のある人は我慢すればよい。
・畑などがあるなら、そこから食糧を借りてきて、3000人分に増やしてから配る。
・先着順で食糧を配布し、配れなかった人には、「次回の食糧配布優先カード」を配る。

NO の理由として考えられる意見：
・行政には常に公平性が求められるので、全員分揃うまでは配ることができない。
・この段階で食糧を配布するためには優先順位を決めなければならない。その基準をどこに置くかが難しい。
・誰かに先に配ると、どんな理由があるとしても必ず文句がでる。
・食糧が次回、何時に届くか分からない状態で、特定の人にだけ配ることはできない。

　また、矢守・吉川・網代（2005）には次のような問題点があげられている。

> YESの問題点：
> ・公平性の原則を遵守できない
> ・分配方法をめぐる現場での苦情・トラブルを誘発
> ・分配方法、輸送方法などの準備不足
>
> NOの問題点：
> ・食料提供者や避難者からの批判・苦情
> ・世論（マスコミ）からの批判
> ・食料の腐敗
> ・保管場所の確保
> ・実際に健康状態に悪影響がでる可能性

　このように、自分一人では思いつかない意見や問題点が他のメンバーの口から語られる。そのことで、「YES」にも「NO」にも一筋縄ではいかない複雑さがあることに気づかされるのである。

1.2　フレームゲーム

　フレームゲームとは、基本ルールは変わらず内容を取り替えることのできるゲームを言う。シンプルなフレームゲームの代表は、クロスワードパズルである（Duke & Greenblat, 1979, Greenblat, 1988 新井・兼田訳 1994）。クロスワードパズルでは、マス目の空欄に、タテヨコのヒントを参考に言葉を入れていく。中味を入替えれば何度でも楽しめるパズルである。

　『クロスロード』は頻繁に活用されているフレームゲームの一つといえる。『クロスロード』が世に出たのは2004年だが、直後から複数のローカル版が作成されている（吉川・矢守・杉浦, 2009）。防災に限らず、市民生活に深刻な影響を及ぼすと予想される他の分野でもフレームゲームとして活用され、ゲームがデザインされている（感染症編, 2006, 新型インフルエンザ編, 2007, 食の安全編, 2008, 網谷, 2014）。いきなりオリジナルのゲームをデザインするとなると、ハードルはずいぶん高くなるが、フレームゲームを活用して内容を

入れ替えることにすれば、ハードルを低くできる。Greenblat（1988 新井・兼田訳 1994）は、ゲームデザインの前に3つのことをすべきだと助言している。1つ目は、既存のゲームでそのまま利用できそうなものを探すこと、2つ目は、既存のゲームで修正できそうなものを探すこと、3つ目は、利用できそうなフレームゲームを探すことである。ゲームのデザインには膨大な時間とエネルギーがかかるというのが、この助言の理由である。

『クロスロード』が想定しているのは、2者択一のジレンマの状況である。これが当てはまる状況であれば、『クロスロード』をフレームゲームとして利用できる可能性がある。しかも『クロスロード』は既に多くの応用事例があり、フレームゲームとして安心して利用できる。留学生の生活全般をテーマにジレンマ状況を探すことができれば、『クロスロード』を活用してゲームをデザインすることができるという見通しがあった。

実際には、2015年度の大学院修士課程の秋学期の授業の一環として、留学生のトラブル対応をテーマにクロスロード留学生版のデザインを試みた。このテーマを取り上げた理由のひとつに、受講者全員が留学生であったことがあげられる。各自の経験や友人知人を通じて見聞きした経験談をいかして、留学生のためのトラブル回避あるいは危機管理の役に立つゲームを作ることができるのではないか、ということで話がまとまった。また、このテーマには広がりがあることもテーマ選択の理由のひとつであった。グローバル化が進み、留学生や外国人を仲間として受け入れ、共に生きる時代になっている。留学生が直面する問題を知ることは、日本に暮らすすべての人にとって有意義であると考えた。

２．クロスロード留学生版のデザイン

　前述したように、『クロスロード』は汎用性の広いゲームである。ここでは、外国人留学生が日本で留学生活を続けるうちに遭遇するジレンマにスポットをあてることにした。『クロスロード』の趣旨は、ゲーム中の意見交換や話し合いを通じて、将来に備える心の準備をすることにある。すなわち、現実世界で起こりうる近い将来の出来事において、よりよい意思決定を行うための準備の機会を提供する。こうした点で、留学生が遭遇する可能性の高いジレンマ状況を取り上げ、架空の場面で、もし自分がその立場であったとしたらどうするかを考えることは、実際の日常生活において似たような出来事が発生した場合に、トラブルを回避できる可能性を高くすることにつながる。また、日本人学生にとっては、同じ大学に通う留学生たちが日々どのような問題を抱えているかを知ることになる。これは、現在のみならず社会人となってからも、外国人の友人あるいは同僚とつきあっていく際に大きな力になると考えられる。

２．１　課題の絞り込み

　まず、どのような問題に遭遇すると考えられるかをブレーンストーミングで洗い出すことにした。テーマは「留学生活で困ること（留学生の悩み）」とした。大学院生３名と著者である私の計４名で、留学中に起こりそうなトラブルや問題場面を口に出しながら、関連する単語をカード１枚に１語ずつ書き出していった。例えば、「学費」（両親から急に送金できなくなったと連絡が入った）、「アルバイト」（辞めたいが収入を減らしたくない）、「引っ越し」（授業を休んで手続きに行くか）、「奨学金」（どの奨学金に申し込むか）、「レポート」（友達に見せてほしいと頼まれたが見せたくない）、「履修」（自

分が興味のある科目を取りたいが評価が厳しいらしい)、などである。
なお、ブレーンストーミングだけでは重要な問題を見落とす可能性
があるので、本学国際交流課・学務課が留学生向けに配布している
「2015年春学期 外国人留学生ガイドブック」を参考にしたほか、国
際交流課の職員の協力を得てヒアリングを行い、どのようなトラブ
ルに巻き込まれるケースがあるかについて情報収集した。

　次に、内容ごとに分類して項目名をつけ、項目名をポストイット
に書き出したのち、それぞれの項目の位置関係を考慮しながら配置
した。こうして出来上がった全体像を図1に示した。トラブルや
問題場面の多くが、「お金」「文化・マナー」「生活」「人間関係」の
4つを中心に発生する傾向が浮かびあがってきた。

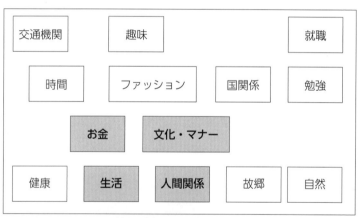

図1　留学生活における問題場面の全体像

　そこで、これら4つの項目に含まれる項目をさらに検討し、細
分化した項目名のリストを表1に示した。上述したブレーンス
トーミングに、資料やヒアリングから得られた情報を整理していく
と、留学生活に深刻な影響を及ぼす問題の多くが、これら4項目に
含まれると考えられた。そこで、この4項目を中心にジレンマ状況

を具体化することにした。

表1　4つの項目を細分化したリスト

項目名	細分化
お金	収入、支出、学費、生活費
文化・マナー	悩みの発生、文化の違い、言葉、ゴミ、習慣、プレゼント、ルール、異文化体験、応援、食文化、差別、宗教
生活	ネットワーク、住む場所、引っ越し、ペット、変化、ビザ
人間関係	相談相手、バイト関係、知り合い、助け合い、心の問題、トラブル、友達、恋愛

2．2　課題の検討

　前述したように、『クロスロード』には「立場（食料担当の職員)」と「2者択一のジレンマ状況（3000人の避難者に2000食を配るか否か)」がある。場面は100字程度で述べられており、書かれていない部分は読み手の想像力に委ねられている。吉川（2019）によれば、名刺大のカードという物理的な制約から文字数を100字程度とすることになったという。しかし、それによって耳で聞いてわかりやすい長さにおさまるという利点が生まれ、さらに文字数の制約があることで細部が削られ普遍的な記述になったと述べている。地名や数値などの詳細なデータがあると現実味が増す一方、それらを省くことで普遍性が高まるというトレードオフの関係にあると思われる。今回の場合も100字程度という制約をふまえて細部を省略し、汎用性の高いものにすることを意識して文章化した。

　2者択一のジレンマ状況があてはまる課題を選ぶのは容易ではなかった。ジレンマがあるように思えても、文章化の段階で何と何がジレンマかを表現するのが難しいことが多く、時間がかかった。その際、参考にしたのは、家島・山田（2011）による『クロスロード』をデザインするためのテンプレートである。家島・山田（2011）は、

ジレンマ状況を『クロスロード』に落とし込むためのテンプレート
を用意し、それぞれの利用者が独自のジレンマ状況を問題カードに
仕立てることをサポートするセッションを実施した。著者は、この
セッションに参加しテンプレートの利用法を学ぶ機会を得た。セッ
ションで紹介された例は、「新入生という立場」で「寮の歓迎コンパ
で飲酒を強要される状況」を扱っている。YES は「飲酒をする」、
NO は「飲酒を断る」である。さらにテンプレートには、解説の欄
があり、そこには YES の問題点（未成年で飲酒をすれば法律違反にな
る）、NO の問題点（その場の雰囲気を悪くする）、判断のポイントや
注意点（酒を飲むことと飲まないことのそれぞれのリスク）、事前の備
え（アルハラについて情報収集しておく）などを書く欄がある。この
テンプレートを使うことで、ジレンマ状況を漠然と捉えるのではな
く、その背後にある論点を整理し、何がどのようにジレンマを構成
しているかを把握することができるよう工夫されている。

２．３　問題カードの作成

　家島・山田（2011）のテンプレートを参考に、留学生のジレンマ状
況について論点を整理することにした。以下に二つの例を紹介する。

例１：アルバイトを減らすか

勉強が忙しくなってきたのでバイトを一つやめたい。でもやめると収入が減って生活も苦しくなる。一度やめると次のバイトは見つからないかもしれない。
「減らす」を選んだ場合に予想される結果： 勉強時間を確保できる、自由な時間が増える、生活全般に余裕がもてる、収入が減る、生活が苦しくなる、次のバイトが見つからないかもしれない、など。
「減らさない」を選んだ場合に予想される結果： 収入を確保できる、生活も安定する、お金の不安が減る、勉強できない、生活に余裕をもてない、働きすぎて病気になるかもしれない、など。

例2：ルームメイトに光熱費の支払いについて言うか

ルームメイトと一緒に住んでいる。夏休みに2カ月留守にするので、光熱費を払わないでよいか相談したいが、関係が悪くなるのは避けたい。
「相談する」を選んだ場合に予想される結果：
光熱費を払わなくてすむ、ケチと思われるかもしれない、怒らせてしまうかもしれない、ケンカになるかもしれない、断られるかもしれない、など。
「相談しない」を選んだ場合に予想される結果：
使ってもいない光熱費を払わなくてはならない、黙っているとスッキリしない、関係を保てるなど。

　例1のように、どちらを選ぶかに応じて予想される結果を複数思いつくことができれば、多くの人にジレンマ状況として受け止められる可能性が高くなる。例2では「相談する」の方が「相談しない」に比べて思いつく理由が多かった。しかし、どちらを選ぶ人が多いかはやってみないとわからない。例2はお金が絡むと同時に人間関係の問題でもあるので、賛否が拮抗することも考えられる。このように、理由を多数思いつくかどうかだけでなく、内容面からもジレンマ状況といえるかどうかを検討していった。そのうえで、名刺大カードにおさまるように100字程度でジレンマ状況をわかりやすく説明するように問題カードを作成した。また、主な漢字にはルビをふることにした。作成した問題カードを資料として末尾に掲載するので参照いただきたい。ルールは、『クロスロード』（オリジナル版）のものをそのまま利用した。ただし、留学生が参加者となることを想定し、中国語と英語に翻訳したルール説明を準備した。

2．4　ふりかえりシートの作成

　問題カードの作成とルール説明の翻訳版の準備の後、テストランの実施に向けて「ふりかえりシート」を作成した。設問は選択式が5問、記述式が1問、合計6問を用意した。以下に設問内容を列

挙する。

1. 『クロスロード』で、あなたはどのくらい、自分の考えを伝えることができましたか。
2. 『クロスロード』で、あなたはどのくらい、他のメンバーの考えをきくことができましたか。
3. 『クロスロード』で、あなたはどのくらい悩みましたか。
4. 『クロスロード』の結果に、あなたはどのくらい満足していますか。
5. 『クロスロード』の内容について、あなたはどのくらい理解できましたか。
6. 気づいたことや感想を自由に書いてください。

　選択式の問1〜5は、6段階評定法によって回答を求めた。以下に6段階評定法の回答例を示す。なお、選択式の設問では6段階評定法の直後にその理由を記述式で問うた。

まったく
できなかった　1　　2　　3　　4　　5　　6　よくできた

〈なぜそう思うのですか〉

3．クロスロード留学生版

　クロスロード留学生版の試作品のテストランを実施した。以下にその概略とふりかえりシートの結果について述べる。

3．1　テストラン

　テストランは、2015年秋学期に龍ケ崎キャンパスの流通情報学科1年ゼミ（留学生10人）と社会学科3年ゼミ（日本人12人）の2つのゼミで実施した。流通情報学科1年ゼミのファシリテーションは、大学院生3名が共同で行った。日本語の理解に時間がかかる参加者がいた場合は、ファシリテーターが必要に応じて中国語、英語、ベトナム語で説明した。社会学科3年ゼミのファシリテーションは、著者が単独で行った。参加者の人数と男女の構成は表2の通りであった。

表2　テストラン参加者の性別

	男性	女性	合計
1年ゼミ（留学生）	3名	7名	10名
3年ゼミ（日本人）	9名	3名	12名

　1年ゼミは10名を5名ずつ2グループに分けて実施し、3年ゼミは12名を4名ずつ3グループに分けて実施した。秋学期（12月）の実施であることから、同じゼミ内の参加者たちは十分に知り合っていると思われたので、アイスブレークは行なわず、グループ分けとルールの説明を行い、ゲームをスタートした。

3．2　ふりかえりシートの結果と考察

　ふりかえりシートの回答は参加した22名全員から得た。

　問1から問5までのゼミ別の平均値と全体の平均値を表3に示す。全体の平均を見ると、4以上がほとんどである。6段階評定法であるから、3.5以上であれば肯定の傾向が強かったといえる。すなわち、全体として、自分の考えを伝えることができ、他のメンバーの考えをよくきくことができ、結果に満足しており、内容を理解できたということである。

ゼミ別にみると、留学生の方が日本人よりも肯定的に回答する傾向が強かったことが読み取れる。表3から読み取れるように、留学生の平均値は、問3を除く4問がすべて5点台なので、非常に肯定的に回答していたといえる。これに対して日本人の回答は4点台が多く、5点台は問2だけである。すなわち、日本人の参加者については、どちらかと言えば肯定的であったという程度である。

表3　ゼミ別と全体の平均値

	留学生 （10名）	日本人 （12名）	総計 （22名）	検定 結果
問1　伝える	5.70	4.17	4.86	***
問2　きく	5.40	5.08	5.23	
問3　悩む	3.50	3.25	3.36	
問4　満足する	5.30	4.08	4.64	**
問5　理解する	5.90	3.92	4.82	***

***：$p < 0.01$、**：$p < 0.05$

　表3のゼミ別の平均値に差があったかどうか検定したところ、問1（$t = 5.74$、$df = 20$、$p < 0.01$）、問4（$t = 2.54$、$df = 20$、$p < 0.05$）、問5（$t = 6.51$、$df = 20$、$p < 0.01$）において統計的に有意な差がみられた。ゼミ別の平均値を比べるために図2にレーダー図を示した。

　図2から、留学生の回答は、問1、問4、問5において非常に肯定的であったといえる。そこで各問について検討していくことにする。

　まず問1「伝える」の平均値が留学生で非常に高かったのは、身近な話題ということで意見を表明しやすかったことが考えられる。「なぜそう思うか」に対する回答をみると、「思いを伝えられた」、「本当の気持ちを伝えた」、など自分の考えをしっかりと伝えることができたという回答が目立った。一方、日本人の理由には、「はっ

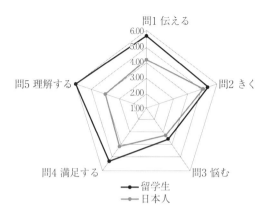

図2　ゼミ別にみた平均値の比較

きりした意見を言えなかった」、「シチュエーションを理解しづらかった」、など戸惑う様子が見られた。

　問4「満足する」の平均値が留学生で高かったのは、現実の問題に引き寄せられる内容だったことが影響しているようである。理由をみても、「自分にも同様のことがあった」という記述や、「面白い内容だった」という記述がみられた。一方、日本人では、「自分の考えを伝えたり、相手の意見を聞いたりする活動に満足した」という意見や、「座布団をゲットできなかったので満足とは言えない」という意見があった。

　問5「理解する」の平均値が留学生で非常に高かったのは、問題カードに掲載された内容が留学生の日常生活に密着したものであったことから、うなずける結果である。日本人の参加者にとってはなじみの薄い状況が多かったので、今まで考えたこともない場面について想像しなければならず、とっつきにくかったと思われる。

　自由記述の問6の回答の特徴として、留学生10人全員が何かしら記入していたことがあげられる。10人の総記入文字数は606文字

あり、1人当たりの平均記入文字数は約61文字である。これに対し、日本人は12人中4人が記入し、その4人の総記入文字数は163文字、回答者1人当たりの平均記入文字数は約41文字である。自由記述の回答者の割合を比べると、日本人は留学生の三分の一、回答者の文字数で見ると日本人は留学生の三分の二である。このことから、留学生の方が日本人に比べて高い関心を示していたことが自由記述の文字数からも読み取れる。

次に、問1から問5までの平均値を性別にみた結果を表4と図3に示す。表4によれば、問2と問4は、男女でほとんど差がないが、問1、問3、問5は差があるように見える。女性は、問1「伝える」、問2「きく」、問5「理解する」の平均値が5点台と高いので、よく伝え、よくきき、よく理解していたといえる。男性の特徴は問2「きく」の平均値が高いことである。男性も女性と同様に相手の意見をよくきいていたといえる。

表4の男女別の平均値に差があったかどうか検定したところ、問3（$t = 1.98$、$df = 20$、$p < 0.10$）、 問5（$t = 2.14$、$df = 20$、$p < 0.05$）において統計的に有意な差がみられた。

表4　男女別にみた平均値

	女性（10名）	男性（12名）	総計（22名）	検定結果
問1　伝える	5.20	4.58	4.86	
問2　きく	5.20	5.25	5.23	
問3　悩む	4.00	2.83	3.36	*
問4　満足する	4.70	4.58	4.64	
問5　理解する	5.40	4.33	4.82	**

** : $p < 0.05$、* : $p < 0.10$

問3「悩む」に注目すると、女性の平均値が4.00、男性の平均値が2.83である。多くの回答が5点台を示す中、4.00という値はそれ

ほど高い値ではないが、肯定派と否定派の境界値である3.5を基準にすると、女性は3.5を上回り、男性は3.5を下回っている。女性はどちらかと言えば悩んでおり、男性はどちらかと言えば悩まなかったことになる。他の問に対する回答は、性別にかかわりなく肯定的な回答であったので、問3に限ってこのような差がみられるのは興味深い。

　問5「理解する」も女性の方が有意に高かったが、これは留学生の大半（10人中7人）が女性で、留学生の理解度が非常に高かったことを反映しているからであろう。言い換えれば、日本人の大半（12人中9人）が男性で、日本人の理解度が留学生に比べて高くなかったことを反映しているからであろう。

　全体として、日本人学生にとっては想像しにくいシチュエーションであったことは否めない。だからこそ留学生の置かれた状況を垣間見る機会となったともいえる。一方で、留学生にとっては今後おこるかもしれないトラブルに備えて心の準備をする機会になったといえるだろう。

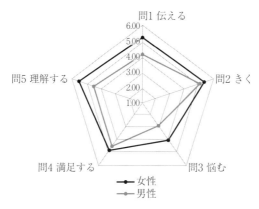

図3　男女別にみた平均値の比較

4．ゲームデザイン

　ここでは、ゲームデザインの方法と、フレームゲームを用いた
ゲームデザインについて述べる。多くの人にとって、ゲームはプ
レーヤーとして参加することがほとんどであると思われる。参加
者として体験した出来事をふりかえることが様々な学びにつながる
ことは知られているが、ゲームをデザインすることにも様々な学び
が期待される。ただし、ゼロからデザインするのは限られた時間の
中ではハードルが高い。既存のゲームやフレームゲームと呼ばれる
ゲームを活用すれば、このハードルを下げることができる。とりわ
け対象とする課題を分析する力が求められるという点で、『クロス
ロード』をフレームゲームとしたゲームデザインは、授業での利用
に向いているといえるだろう。

4．1　ゲームデザインの方法

　Duke & Geurts（2004）は、ゲームデザイン法として 5 段階21ス
テップを提唱している。著者はこれを 3 段階17ステップにスリム
化して活用している。手引書があると進むべき方向とスピードを把
握することができるので、ゼロからデザインする際には助かる。以
下に各段階の詳細を紹介する。

〈第 1 段階：計画〉…めざす方向を決め、制約条件と許容範囲を明
　　　　　　　　　　確にし、スケジュールを組む。
1-1)　関連する諸条件を書き出す：所要時間（準備に要する時間、
　　　演習時間、ふりかえりに要する時間）、プレーヤーの人数、場
　　　所、用具、費用、著作権などについてリストを作成する。
1-2)　問題点を明確にする：テーマについて何が問題になっている

か、問題の背景は何か、などを整理する。

1-3)　主要な項目間の関係を図式化する：テーマに関連する問題点を整理し、主要な項目間の関係を図式化する。

1-4)　具体的目標を設定する：テーマに関連して焦点を絞り込み、プロジェクトの具体的目標（ゲームのねらい）を設定する。

1-5)　スケジュールを作成する。

〈第2段階：デザイン〉…アイディアを集め、取捨選択・融合してゲームの核を構築する。

2-1)　シナリオを考える：場面を設定し、ストーリーの展開（話の流れ）を考える。

2-2)　フォーマットを決定する：たとえばボードゲームなら「すごろく」型、「マス目型」など盤の形式を決める。

2-3)　シンボルを設定する：レゴブロック、ポーカーチップ、フィギュアなどで象徴的に表わすものを工夫する。

2-4)　要素を選定する：フォーマットやシンボルに加えて、イベントカードなど不可欠な要素を入れる。

2-5)　仕組み・構造を検討する：ラウンド数、ルール（制約条件）、決定方式（選択肢）、得点方式、プレーヤーの役割（キャラクター）、プレーヤーの編成（チーム数、1チームの人数）などを検討する。

2-6)　ゲームの手順を決める：提供する情報（場面設定、プロフィール）、進行表、決定の順番（逐次方式か同時方式か）などを決める。

2-7)　コンセプトレポート（概念報告書）を作成する：ここまでを文章化し、図表に整理する。

〈第3段階：実用化〉…実用可能なゲームにする。

3-1）　テストランと修正を繰り返す。

3-2）　ファシリテーター用マニュアル（ふりかえりの質問を含む）を
　　　作る。

3-3）　プレーヤー用マニュアルを作る。

3-4）　ゲームの実施と改訂を行なう。

3-5）　報告書を作成する。

　第1段階で立てた計画が土台となり、第2段階のデザインを支
える。そして、第2段階のデザインをふまえて第3段階の実用化
が可能になる。上記の3段階は順番に進むというより、行ったり
来たり前後しながら影響を与え合って進む。前進と後退を繰り返し
ながらも着実な歩みをサポートするのが、この3段階方式である。

　このように、ゲームのデザインでは、テーマとなる対象について
の詳細な分析が求められる。特に、第1段階の1-2)や1-3)では、問
題の背景や構造について整理するので、各要素についての理解が深
まる。そして、ゲームで取り上げるべき要素を議論する中で、重要
なポイントを把握できるようになる。ゲームをデザインすることに
よって、深く広い気づきが得られるといえるだろう。自分自身の考
えを整理し、デザインチームのメンバーの考えを融合することでデ
ザインが完成していく（Duke & Greenblat, 1979）。

４．２　フレームゲームを活用したゲームデザイン

　ゲームをゼロからデザインするには、時間と労力が必要である。
ゲームデザインという創作活動には、成功の醍醐味と失敗のリス
クがある。そこで、既存のフレームゲームを利用することができ
れば、リスクと手間を減らしつつ、一定の成果をあげることが期待
できる。フレームゲームを活用すれば、第1段階に時間とエネル

ギーを集中させて、問題となっている事象の構造を見極めることができる。

『クロスロード』の応用編が数多く生まれてきた理由は、フレームゲームとしての有用性が、多くの人に認められているからだろう。防災の領域に限定されることなく幅広いテーマに応用可能なことから、活用の場が広がったといえる。網谷（2014）は、クロスロードを教育相談の場面に応用する試みの中で、次のように述べている。

> 自らが提示された問題と似たような葛藤を抱いているような場合には、その葛藤を解きほぐし、新しい活路を見出すことができるかもしれない。経験の少ない教師にとっては、事前にシミュレーションの場が提供されることになる。これは、彼らが実際の葛藤状況に直面した際にメンタルヘルスをおびやかされることなく「健全に悩む」ための、予防的な研修になりうると予想される。（網谷, 2014, p.213）

網谷（2014）の言うように、葛藤場面は人を成長させるが、心理的負担が大きく心のバランスを崩すきっかけにもなりかねない。どちらを選べばよいか迷う葛藤場面は、好むと好まざるとにかかわらず、私たちの身に降りかかってくる。ならば、「健全に悩む」ための準備には大きな意味がある。葛藤場面を2者択一に落とし込むことができれば、『クロスロード』をフレームゲームとして援用できるので、応用範囲は広い。

『クロスロード』をフレームゲームとして使うと決めれば、ゲームデザインの第2段階と第3段階の大部分を省略できる。なぜなら、既にゲームのフォーマットなどの大枠があり、ルールやマニュアルもそのまま利用できるからである。今回のクロスロード留学生

版について、第2段階と第3段階の一部を確認しておこう。

シナリオ：架空の状況（留学生がジレンマに悩んでいる）について、2者択一のどちらかを選ぶ。

フォーマット：状況を説明する名刺大の問題カード。

シンボル：青座布団（多数派の回答者全員に1枚ずつ与えられる）と金座布団（唯一の回答者1人に1枚与えられる）。

仕組み・構造・ゲームの手順：

　　　　　5〜6人が1つのテーブルを囲んで座り、順に問題カードを読み上げていく。各自がYESカードとNOカードを1枚ずつ持ち、どちらを選んだかを伏せて示す。一斉にオープンし、YESとNOのどちらが多数派かを確認して座布団を配る。各自が選択の理由について語る。10枚の問題カードを読み終えたところで最も多くの座布団を得たものが勝者となる。

　『クロスロード』の仕組みとして特筆すべきは、本音の選択ではなく座布団狙い（多数派をねらった、単独派をねらった）という隠れ蓑を使えるところだろう。架空の場面とはいえ、非常識な選択をするのは気が引けることもある。そんな時には、ゲームに勝つためにあえてみんなが選びそうにない方を選んだという逃げ道の説明ができる。そう言いつつ、非常識な選択にも理があることを説明すればよい。このカモフラージュの仕組みが安全弁となって、本音を議論の俎上にのせることが可能になっている。

　留学生版の試作品を自分たちで試し、どのような意見が出る可能性があるかを確認した。その試作品を使って、留学生ゼミと日本人ゼミでテストランを実施した。留学生の参加者が理解しやすいように、ルールを中国語と英語に翻訳したものを用意した。さらにテストラン当日は、中国語、英語、ベトナム語を話せるファシリテーターが、必要に応じて適宜通訳した。このように、いくつか追加の

作業は行ったが、基本的に第2段階と第3段階については大きな修正はなくオリジナルの『クロスロード』に準拠して行った。おかげで、第1段階にエネルギーの大半を費やすことができた。そして、第1段階では問題の構造を見極めていった。次章では、ゲームデザインの第1段階の中心課題について、問題を解きほぐすという視点から検討していくことにする。

5．アンパッキングとゲームデザイン

ここでは、アンパッキング（unpacking）の観点からゲームデザインを検討する。最初にアンパッキングについて解説し、次にゲームデザインの第1段階がアンパッキングの実践といえることをみていく。その後、ゲーム中の出来事や体験をふりかえることもアンパッキングになることを議論する。

5．1　アンパッキング（unpacking）とは

アンパッキングとは、よりよい判断を行うための工夫である。私たちは様々な判断を日々の生活の中で行っている。その判断の中には合理的でないものも多い。合理的でなくとも十分役に立つ。たとえば、食堂で毎日同じ料理を注文するという場合、理由は「その料理が好きだから」かもしれないし、「選ぶのが面倒だから」かもしれないし、「一番早く運ばれてくるから」かもしれない。こうした日々の経験則や直感にもとづいた意思決定を、ヒューリスティクス（heuristics）と呼ぶ。ここでは代表性（representativeness）と入手可能性（availability）（Tversky & Kahneman, 1974）を取り上げる。

代表性とは、たとえば典型的な事例にあてはめて推測してしまう傾向である。自己紹介で大阪出身と言ったとたん面白い人と思われ

てしまうといったような例があてはまる。また、入手可能性とは、たとえば思い出しやすい出来事の影響を受けやすい傾向である。テレビやネットで事故の話を見聞きすると、そういった事故の発生率が高まったように受け止められる。記憶に残りやすい大事件や、最近話題になったニュースなどを手がかりに判断しやすくなる傾向である。

代表性にもとづく判断の特徴として、自信過剰のワナに陥りがちということがある。こうした根拠のない自信を「妥当性の錯覚（illusion of validity)」と呼ぶ。得られた情報がそれらしく見えると、それに見合う結論に飛びついてしまいがちになる。たとえば、誰かのプロフィールを読んで銀行員のイメージにピッタリだと思いこんでしまうと、いくらそのプロフィールが怪しげなものだったとしても、銀行員以外の職業はありえないように思えてくる。いくつもの可能性や選択肢があるにもかかわらず、一本道に見えてしまうというところが非常に危うい。

人が自分の予測に対して自信過剰（overconfidence）になる要因について、Buehler, Griffin, & Ross（1995）は次のような説明をしている。何か作業をしようとする場合、その作業の進め方について自分の手元にある材料から自分なりの計画を立てる。そうすることで、その計画が実現できる気がしてくる。現実には様々な要因が絡み合って、計画通りには進まないことの方が圧倒的に多いのだが、奇跡的にうまくいった場合のことを思い描いてしまう。

アンパッキングに話を戻そう。アンパッキングは、Kahneman & Tversky（1977）が「計画錯誤（planning fallacy)」を回避する対策として提唱したものである。計画錯誤とは、作業やプロジェクトに要する時間を短く見積もる傾向をいう。計画錯誤の要因は特定の側面にだけ注目して計画を立ててしまうことにあり、内部の目に頼って外部の目で冷静に考えることができない状態に陥ることが原因であ

る。他者や自分自身の過去の失敗経験をふまえて慎重に計画していれば、もっと時間のかかる計画になったはずである。しかし1つの側面に注目してしまうと、それ以外の考慮すべき重要な側面が目に入らなくなってしまう。つまり、計画錯誤という悲劇を避けるには、代表性や入手可能性といったヒューリスティクスから抜け出す必要がある。

　Kruger & Evans（2004）は、アンパッキングの効果をいくつかの実験で確認している。クリスマス・プレゼントの買い物に要する日数をたずねる実験で、単に日数をきく場合（パッキング群）と、どんなプレゼントを誰に贈るか具体的にリストにする場合（アンパッキング群）を比べると、見積もりの日数が1.4倍に増える（Kruger & Evans、2004）。同様のことが、デート前の身支度に要する時間、原稿の編集に要する時間、調理に要する時間についても確認されている。つまり、大雑把に計画するかわりに、必要な項目や行動を列挙してから計画すれば、計画錯誤を減らすことができるのである。さらに、課題が複雑であるほど計画錯誤は起きやすく、アンパッキングの効果も大きくなることが確認されている。アンパッキングが計画錯誤を減らす理由は、項目を列挙することによって、それぞれの側面が正確に考慮されるからである。作業の様々な側面について配慮することは、見積もりのミスを避けることにつながる。計画錯誤に陥らないようにしたければ、やるべきことを列挙してから見積もりすべき、というのがKruger & Evans（2004）の主張である。

5．2　アンパッキングとゲームデザイン

　ゲームデザインの第1段階は，アンパッキングから始まる。第1段階は、ゲームデザインの計画である。ゲームがめざす方向を決め、制約条件と許容範囲を明確にし、スケジュールを組む。これにより、予算オーバー、締切りオーバーとなる境界線をはっきりさ

せている。そうしなければ、気づかぬままに境界線を越えることになりがちだからである。もし最初に決めたラインを越えそうになったら、いったん立ち止まって再考しなければならない。クロスロード留学生版のデザインの第1段階を、もう少し細かく見ていくことにしよう。

1-1)では、所要時間、プレーヤーの人数、場所、用具、費用、著作権など関連する諸条件についてすべて書き出しリストを作成する。最初に洗い出すことで、後から追加を重ねて費用がかさんだり、初歩的なミスで苦労の末にようやく定まったスケジュールをご破算にしたり、といった事態を避けることができる。今回の場合、『クロスロード』の諸条件は、大学の授業の中での利用を想定していた著者の希望に叶うものであった。たとえば、時間は1コマ90分におさまること、場所は教室内で机と椅子を用いてできること、費用は安価であることなどが条件であり、これらは『クロスロード』によって満たされていた。

1-2)では、問題点を明確にする。テーマについて何が問題になっているか、問題の背景は何か、などを整理する。今回の場合、留学生が日本での学生生活を送る中で遭遇する悩み（迷う場面）を取り上げた。ブレーンストーミングを行ない、悩みの種となりそうな出来事やエピソードをカードに書いていった。さらに、資料やヒアリングから得た情報を追加して補足した。そして、そのカードを類似性によって分類し、分類名をポストイットに書き出した。

1-3)では、主要な項目間の関係を図式化する。テーマに関連する問題点を整理し、主要な項目間の関係を図式化する。今回の場合、ブレーンストーミングや資料、ヒアリングから得た情報を整理して名付けた分類名のポストイットを模造紙に貼っていった。その際、相互の関係を考えながら、関係性の強いものは近くに、関係性の薄いものは遠くに置いて、距離が関係性をあらわす図式化を試みた

（図1、表1参照）。

　1-4)では、具体的目標を設定する。テーマに関連して焦点を絞り込み、プロジェクトの具体的目標（ゲームのねらい）を設定する。『クロスロード』のねらいはオリジナル版で次のように述べられている。

　　単一の正解を求めるのではなく、「それぞれの災害対応の現場で、誰もが誠実に考え対応すること、またそのためには災害が起こる前から考えておくことが重要であること」に気づくこと（Team Crossroad、2004）

　留学生版は災害対応の現場についてのものではないが、ジレンマ状況について自他の意見の提示と意見交換を通じて、似たようなジレンマ状況に遭遇した場合に、納得のいく対応ができるよう備えることがねらいである。2者択一のどちらが正解か、正解があるかどうかもわからない。どちらを選んでもスッキリしないとすれば、判断が招く結果を受け止める覚悟をしたうえで判断する必要がある。つまり、判断がもたらす事態を知ったうえで判断できるようになること、そのために準備をしておくことの重要性に気づくこと、がねらいである。

　網谷（2014）によれば、葛藤まで至らない混沌とした悩みについて、まず問題をより丁寧に構造化する必要があるという。葛藤できるということは、ある程度の見通しがあるということであり、判断の一歩手前までたどり着いていることの証でもあるというのである。今回で言えば、留学生の悩みの根底にあるものを掘り下げて、2者択一のジレンマ状況に仕立てる過程が、ゲームデザインの最重要課題であった。何となくモヤモヤしている悩みの元がどこにあるのかを探り当てる、ここに大半の時間が費やされた。『クロス

ロード』をフレームゲームとして活用する場合、このプロセスこそが肝心かなめのポイントと言えるだろう。

5.3　アンパッキングとゲーム

　そもそもゲームにはアンパッキングの効果があるともいえる。特に『クロスロード』のような議論を深めるタイプのゲームの場合、メンバー間であれこれ意見交換することで、今まで気づかなかった側面に気づかされることになる。それはつまり、自分の思い込みや見過ごしていた側面を知るということであり、一本道だと思っていた道のすぐ隣に、何本もの道が存在することに気づくことである。ただし、全員がゲーム中にこのことに気づくとは限らない。自分が信じた道を進むだけでゲームが終了する場合もあるだろうし、勝負に熱中して一心にゴールをめざしていると隣に存在する道に気づかないかもしれない。そこで、ゲーム後のふりかえり（ディブリーフィング）が重要になる。ゲーム中の出来事や行動を、他者の視点を意識しながら冷静にふりかえることで、ゲーム中には気づかなかったことが浮き彫りになる。ふりかえりの重要性が強調される所以である。

　アンパッキングは、もともと荷物をほどく、荷解きをするという意味である。スーツケースに隙間なく詰め込まれた荷物を取り出して、使いやすいように場所を定めて置いていく作業と考えればイメージしやすい。一つ一つ置き場所を吟味し、すぐに使えるように配置しておけば、旅先でも快適に生活できるに違いない。

　アンパッキングの目的は、計画錯誤として知られている無謀な計画を予防することにある。未来に備えてアンパッキングを意識して計画を立てることが重要である。独りよがりの思い込みに捕らわれず、一歩引いて冷静に考えることができれば、しなくてよい失敗を避けることができる。ゲームの中でそうした失敗を経験し、現実場

面で同じ失敗をしないですむようにすることができれば、失敗が生きる。ゲームの中でどんどん失敗し、その失敗から学べばよいのである。それには、ただ失敗を繰り返すだけでは意味がない。ゲーム後のふりかえりで失敗をしっかりふりかえり、対策を練ることが大切である。

『クロスロード』オリジナル版には、ふりかえりのために「クロスノート」が用意されている。そこには問題カードの立場と状況が示され、YES の問題点と NO の問題点をそれぞれ書き出せるようになっている。どんな問題点があるかを丁寧に拾うことで、思いもかけない議論が展開されるかもしれない。ゲーム後のふりかえりをアンパッキングと捉え、多様な選択肢の可能性を探ることを心したい。未来との対話が実現するのは、ふりかえりにおいてこそ、なのかもしれない。

6．まとめ

本章では、ゲームデザインを通じて様々な学びが得られることを論じてきた。アクティブラーニングの流れもあり、授業の中でゲームを通じて学ぶ機会は増えている。ゲーム後のふりかえり（ディブリーフィング）に大きな学びがあることも知られるようになってきた。教員からすると、準備に手間がかかる時代になってきたともいえる。授業内容にそった適切なゲームを選び、用具や備品を人数分用意し、ふりかえりシートを作成するのはなかなかに手間のかかる作業である。学生たちが授業の中で能動的にふるまえるように、教員が大道具、小道具、チーム編成、配役、などの裏方一切を引き受けて、当日の進行（ファシリテーション）まで滞りなく担当することになる。学生たちが（少なくとも見かけ上は）いきいきと活動す

る様子を見られるのは喜びではあるが、元をたどれば教員主導であることに変わりはなく、もどかしさがあるのも事実である。

　授業の中でゲームを実施する取り組みを続けてきて、学生主導のゲームデザインに挑戦したいという気持ちが強くなったのは、こうした経緯があったからである。しかし、ゲームをデザインするとなると、時間的な制約もありハードルが高い。そこで、『クロスロード』をフレームゲームとして活用し、ゲームデザインに取り組む計画を温めてきた。2015年に幸運にも実現の機会が訪れた。そして今回紹介したクロスロード留学生版ができた。試作品段階ではあるが、テストランで一応の成果は得られているので実践に耐えうるレベルになっていると思う。ゲームをデザインする側に立つことで、参加者とは別の視点を持つことができるので、ゲームを通じた気づきの幅も広がる。ゲームやゲームデザインを通じて、未来と対話し、自分の判断を多角的に捉えられるようになるはずである。正解のない課題に対峙することになっても、納得のいく選択ができるよう備えておきたい。そのために、いくつもの可能性があることを見せてくれるのがゲームである。

　最後に、ゲームデザインは多様なメンバーによるチームワークがポイントになることを付け加えておく。似た者同士による同質性の高いチームではなく、異質なメンバーが互いの違いを尊重しあってそれぞれの特長をいかすことが大切である。なぜなら、ゲームの参加者たちも異質な個性の持ち主だからである。多彩なメンバーのチームワークでデザインしてこそ、多くの参加者に受けとめられ、受け入れられるゲームになると私は思う。

謝辞

　クロスロード留学生版のデザインは、2015年度の大学院（社会学研究科）の「シミュレーション＆ゲーミング特論」の秋学期の授業

の一環として行った。3名の受講生との議論、そして地道な作業がなければ実現できなかった。ゲームデザインという挑戦に一緒に取り組んでくれた、Nguyen Thanh Hang、Qin Rong、Li Bing の3氏に感謝の意を表したい。また、テストランに快くご協力いただいた流通情報学部の永岡悦子先生、永岡ゼミの学生の皆さん、そして中村ゼミの学生の皆さんに感謝申し上げる。

『クロスロード』は登録商標である。留学生版の試作品を今回掲載するにあたり、『クロスロード』開発者 Team Crossraod（古川 肇子・矢守 克也・網代 剛）と覚書を交わした。快く許可いただいた Team Crossroad 代表の吉川肇子氏にお礼申し上げる。（商標登録番号は次の通り。クロスロード：第4916923号。Crossroad：第4916924号）

クロスロード留学生版は、2度のテストランを終え、さらなる修正とテストランが必要な段階にあるが、このまま教材としても利用可能である。興味のある方は、著者までご連絡いただきたい。

問合せ先メール：mnakamura@rku.ac.jp

参考文献

網谷 綾香（2014）．教師の成長を促す研修教材「クロスロード教育相談編」開発の試み——教育相談における教師の葛藤の分析—— 佐賀大学教育実践研究, *31*, 211-224.

Buehler, R., Griffin, D., & Ross, M.（1995）. It's about time: Optimistic predictions in work and love. *European Review of Social Psychology*, *6*, 1-32. https://doi.org/10.1080/14792779343000112

Duke, R. D.（1974）. *Gaming: The future's language*. New York: Sage.

Duke, R. D., & Geurts, J. L. A.（2004）. *Policy games for strategic management: Pathways into the unknown*. Amsterdam: Dutch University Press.

Duke, R. D., & Greenblat, C. S.（1979）. *Game-generating-games: A trilogy of games for community and classroom*. Beverly Hills: Sage.

Greenblat, C. S.（1988）. *Designing games and simulations: An illustrated handbook*. Newbury Park: Sage.（グリーンブラット，C. S. 新井 潔・兼田 敏之（訳）

（1994）．ゲーミング・シミュレーション作法　共立出版）

家島 明彦・山田 剛史（2011）．大学教育の研究・実践におけるゲーミング・シミュレーションの可能性――「クロスロード」を使ったFD研修――第17回大学教育研究フォーラムラウンドテーブル企画　2011年3月18日　Retrieved from https://www.highedu.kyoto-u.ac.jp/forum/2010/pdf/pdf_02.pdf

Kahneman, D., & Tversky, A.（1977）. Intuitive prediction biases and corrective procedures. Technical report. McLean, VA: Decisions and Designs Inc. Retrieved from https://apps.dtic.mil/dtic/tr/fulltext/u2/a047747.pdf

吉川 肇子（2019）．ゲーム研究と実践における諸問題――ゲームの質と倫理問題を中心に――　シミュレーション＆ゲーミング, *29*, 10-17.

吉川 肇子・矢守 克也・杉浦 淳吉（2009）.クロスロード・ネクスト――続：ゲームで学ぶリスク・コミュニケーション―― ナカニシヤ出版

Kruger, J., & Evans, M.（2004）. If you don't want to be late, enumerate: Unpacking reduces the planning fallacy. *Journal of Experimental Psychology*, *40*, 586-598.

内閣府防災情報のページ「特集想像力を高めて『もしも』に備える！災害をイメージし、防災につながる行動へ【コンテンツ編】」Retrieved from http://www.bousai.go.jp/kohou/kouhoubousai/h20/11/special_02_1.html

中村 美枝子（2019）．準備委員会企画シンポジウム1 ゲーミングによる主体的学び――学びを深めるディブリーフィング――　教育心理学年報, *58*, 252-254.

Tversky, A., & Kahneman, D.（1974）. Judgment under uncertainty: Heuristics and biases. *Science, New Series*, *185*, 1124-1131.

矢守 克也・吉川 肇子・網代 剛（2005）．防災ゲームで学ぶリスク・コミュニケーション――クロスロードへの招待―― ナカニシヤ出版

ゲームの出典
クロスロード（Crossroad）（2004）京都大学生協書籍部　京都市左京区吉田本町
クロスロード――感染症編――（2006）一般財団法人日本公衆衛生協会（公衛ビル）東京都新宿区新宿
クロスロード――新型インフルエンザ編――（2007）一般財団法人日本公衆衛生協会（公衛ビル）東京都新宿区新宿
クロスロード――食の安全編――（2008）一般財団法人日本公衆衛生協会（公衛ビル）東京都新宿区新宿

あなたは留学生。 きのう父親から学費を払えないと連絡があった。学費を払わないと退学になってしまうので、バイトを増やしたい。でもこれ以上増やすと1週間に28時間を超えてしまう。在留資格が認められなくなると困る。 バイトの時間をふやす？	あなたは留学生。 最近、勉強がいそがしくなってきたので、二つやっているバイトを一つ辞めたい。でも、辞めると収入がへる。生活も苦しくなる。一度辞めると次のバイトはなかなかみつからない。 アルバイトを一つ辞める？
あなたは留学生。 日本で車を運転する場合、ふつうは強制保険と任意保険に入ると聞いた。任意保険は入らなくてもいいらしいが、運転するなら絶対入った方がいいと言われた。1か月に1万円かかるらしいので、入ろうかどうしようか迷っている。 任意保険に入る？	あなたは留学生。 仲の良い友だちから、在留カードを使ってクレジットカードを作ってほしいと頼まれた。しかもバイト代として2万円くれるという。仲の良い友だちの頼みだし、2万円もらえるのでやってみようと思うが、大丈夫なのかよくわからない。 クレジットカードを作る？
あなたは留学生。 バイト先の店長は、外国人の悪口を言う。ゴミが落ちていると「だから外国人は困る」などと言う。時給が高いのでバイトは続けたいが、店長に会いたくない。今まで店長が来るのは1週間に1日だったのに、来月から毎日来るらしい。 アルバイトをやめる？	あなたは留学生。 知り合いからアルバイトを紹介してほしいと頼まれた。この人はいつも遅刻するし、遅刻しても謝らないから紹介したくない。この人を紹介したら絶対トラブルになると思う。でも紹介しないと、自分の悪口を言われるかもしれない。 アルバイトを紹介する？

あなたは留学生。
一人暮らしをしているので、光熱費（電気代）などにお金がかかる。そこで友だちを誘って一緒に住むことを考えた。しかし、二人で一緒に住むと、うまくやっていけるかわからない。

友だちと一緒に住む？

あなたは留学生。
あなたはルームメイトと住んでいる。あなたは夏休みの2か月間いないので、光熱費（電気代）を払いたくない。でもルームメイトは払ってほしいらしい。「払いたくない」と言うか悩んでいる。

「払いたくない」と言う？

あなたは留学生。
国の後輩がいる。後輩の親から何か問題があったら教えてほしいと頼まれている。後輩は、遊んでばかりで学校をサボっている。注意しても聞いてくれない。後輩の親に連絡した方がいいか悩んでいる。

後輩の親に連絡する？

あなたは留学生。
日本語があまりできない友だちから、試験の時に助けてほしいとたのまれた。いつも仲良くしている友だちなので助けてあげたい気持ちはある。でもカンニングはぜったいにしたくない。

友だちを助ける？

あなたは留学生。
病気になった仲良しの友だちから保険証を貸してほしいと頼まれた。とても苦しそうなので助けてあげたいが、ばれたら大変。友人は、遠くの病院に行くから絶対ばれない、大丈夫と言っている。

保険証を貸す？

あなたは留学生。
国から友だちが遊びに来るというので、1週間の約束で泊めることにした。ところが、2週間すぎても出ていかない。テストも近いし、そろそろ出ていってほしいが、せっかく遊びに来た友だちとケンカしたくない。

「そろそろ出ていって」と言う？

あなたは留学生。 授業中、先生の指示でグループ討論をすることになった。グループには同じ国の人もいるし、違う国の人もいる。グループ討論の途中で、母国語で話しかけられた。「日本語で話そう」と言おうかどうしようか悩んでいる。 「日本語で話そう」と言う？	あなたは留学生。 ゼミの先生は留学生にやさしいので、発表の準備をしなかった時も怒られなかった。でもそのせいで、日本人の学生からズルいと思われてしまった。ゼミの先生に「日本人と同じように厳しくしてほしい」と言った方がよいかもしれない。 「厳しくしてほしい」と言う？
あなたは留学生。 日本人の知り合いから、お笑いのライブにさそわれた。前にも誘われて行ったが、みんなが笑うときに全然笑えなくて、つまらなかった。行きたくないが、せっかく誘ってくれたのを断るのは悪い気がする。 お笑いのライブに行く？	あなたは留学生。 日本食をごちそうしてくれるというので行ったら、自分が大きらいなものだった。せっかくごちそうしてくれるのだから、食べないのは悪いけれど、大きらいなものを食べるのはつらい。 大きらいなものを食べる？
あなたは留学生。 母国でお世話になった知り合いから、日本製の化粧品をたくさん買って送ってほしいと頼まれた。断りたいが、うまく断る方法を思いつかない。 断る？	あなたは留学生。 大学のサークルに入ったら、サークル長からサークルの飲み会に誘われた。でも、まだ知り合いは一人もいないし、ほかの留学生もいない。行きたいけれど、だれも話しかけてくれなくて、つまらないかもしれない。 飲み会に行く？

あなたは留学生。
同じクラスに、とても感じのよい日本人がいる。友だちになりたいが、とてもシャイな人で、誰かと話しているところを見たことがない。自分から声をかけたいが、そんなことをしたら、嫌われてしまうかもしれない。

自分から声をかける？

あなたは留学生。
知り合いの日本人が、ときどき自分の国の人の悪口を言う。それを聞くと嫌な気持ちになる。これからも仲良くしていきたいので、「悪口を言わないで！」と言いたい。しかし、そこまで言わなくてもいいという気もする。

「悪口を言わないで」と言う？

臨床心理学とカウンセリング

―専門としての心理的援助を考える―

佐藤　尚人

目　次

筆者は、1988年の流通経済大学社会学部社会学科の開校以来「臨床心理学」「カウンセリング」を教えている。本稿では、それらの授業での内容をなぞりながら、学生たちが授業でどのようなことを学んでいるのかをふりかえり、そして筆者が現在課題に感じていることを提示して、臨床心理学やカウンセリングに関心をもつ若い人たちに、これから問題意識を持って学んでいくことの大切さを伝えられればと思う。

　厳密に言えば「臨床心理学」は、具体的な心の悩みや問題をどのように理解し、それにどのように対応していくかの理論的な部分をおもにあつかうものであり、「カウンセリング（あるいはセラピー）」は、そのような理論が実際にどのように実践されているかについてあつかうものである。本稿では、この違いを認めたうえで、これから学ぼうとする人たちを念頭に置いて、あえて細かいちがいは棚上げして、心理的援助（カウンセリング）とその背景にある理論（臨床心理学）ということで、一体のものとしてまとめてみていくことにする。

　さて、心理学はその歴史は古く、古代ギリシャに始まると言われている。著名な哲学者たちが「人間とは何か」という疑問について「思惟」を方法として、頭の中でことばを手がかりにあれこれ考え、議論したという。そして、しばらく前までは、心理学は、歴史学や哲学と並び、大学では人文科学の領域に据えられていた。しかしながら、現在、心理学は自然科学の領域で研究が進められている。というのも、19世紀に、ドイツでヴントが心理学の実験室を作ったことで「人間とは何か」について、科学的な手法で研究することが心理学の流れとなったからである。20世紀の初めには、フランスで個々人の特性を測定し、数値化して比較することを可能とする、有名な心理テスト「知能テスト」が開発された。その後、現在

にいたるまで、人間の特性を測るさまざまな心理テストが作られて利用されてきている。それらは、人間の特性を数字に置き換え、客観的に見ることを可能とし、誰もが結果に納得するようになった。数量化・客観性・実証性・再現可能性など、科学的な方法が自然現象ばかりでなく、人間をみるときにも重視されているのである。人びとの心の問題や悩みの解決を援助しようとする、臨床心理学での理論的分野の研究、そしてその成果を活かす実践、カウンセリングにおいても、このような流れは同じである。

　本稿における筆者の問題意識は、以上に述べたような心理学、特に臨床心理学やカウンセリングの研究や実践の流れについて、まず概観し確認し、つぎにその現状が果たして適切なものなのかどうかを検討することである。もう少し分かりやすく具体的に言えば、人間を、特に「心の問題や悩み」を理解し、その改善や解決を専門的に援助しようとする時、自然科学の方法である「見えるもの、触れるもの、確認できるもののみを対象として、人間をも見る」ことが、果たして良いのかどうかを考えることである。もちろん科学は、「見えるもの、触れるもの、確認できるもの」の範囲を日々拡大することに努めており、筆者が大学生であったころに比べれば、人の「心の問題や悩み」は自然科学的方法によって格段に理解が進んできた。そのことは十分に承知の上で、臨床心理学やカウンセリングの現状について疑問をもってみていきたい。そして、これから臨床心理学やカウンセリングを学ぼうとする若い人たちには、無批判に現状を受け入れてその流れに乗るのではなく、問題意識をもって学びを進めていってほしいと思う。

　本論の展開は以下のようである。

第一部では、臨床心理学とカウンセリングの歴史と現状について
みてみる。あわせて、現在の研究動向やカウンセラーの資格につい
てもみてみる。

　第二部では、臨床心理学やカウンセリングの研究や実践の現状へ
の疑問と考察をおこなう。現状は評価したうえで、筆者が「足りな
い」と思うところ、「問題として考えるべき」と思うところを述べ
たい。

　第三部では、筆者自身への課題の確認と、若い人たちへの提言を
述べる。これから臨床心理学やカウンセリングを学ぼうとする若い
人たちにとって、学びの手がかりとして役に立つことを期待した
い。

　結語では、本稿の全体をふりかえって、筆者の現状での問題意識
および臨床心理学やカウンセリングを学ぼうとする若い人たちへの
期待・アドバイスを述べてみたい。

第一部　臨床心理学とカウンセリングの歴史、
　　　　　現在の研究動向と資格

　アメリカ心理学会によると、臨床心理学とは「心理学の原則を用
いて、人間機能の知的、感情的、生物学的、心理的、社会的、行動
的な側面をよりよく理解し、予測し、それらを改善するように努め
る学問」である。言うなれば、理論や方法の開発や検証をおこなう
学問である。一方、カウンセリングは、臨床心理学の学問研究の成
果を、行動上の問題や心の問題を対象としてその改善や解決をめざ
して実践することである。問題が比較的重い（深刻な）場合、精神
的な病気へ対応する人をセラピスト（心理療法家）と呼び、比較的
軽い（日常に近い）場合、カウンセラーと呼ぶこともある。本稿で

は特に区別はせずに、おもにカウンセラーという呼び方をする。

　人類はその誕生以来（多分ことばを持つ以前から）、日々生きていく中で、さまざまな問題や悩みに出会ってきたことであろう。思い通りにならない気象現象により穀物や果物が採れない、周りの人びとが自分の意に反する行動や言動をとる、体の具合がおかしくなってどうしたら良いかわからない、などなど。日々の様々な出来事をどのように理解したらよいのか、どのように対応したらよいのか、悩むことは尽きなかったであろう。そのような問題や悩みに、一体どのように人々は対応してきたのだろうか。たとえば、宗教や占いなど（この二つは同一のものでは決してないが）は、世界中で長い歴史を持ち、現在でも「心の問題や悩み」に対応するものとして人々が頼りにする大きな力を持っている。因習と呼ばれるような習慣や、古くからの文化や芸術も、人びとの「心の問題や悩み」と無縁ではなかったであろう。「厄を払う」「幸福や幸運をもたらす」などと言って、理由（因果関係）はよくわからないが、長く続いている習慣やお守りのように身につけているものがわれわれの周りにはたくさんある。そのような歴史の中で、カウンセリングも生まれてきた。

　カウンセリングや心理療法とは、いわゆる、医学のように薬やメスを使わずに、心理学の知見を用いて、とくに人間関係におけるさまざまな特性を用いて、特定の個人の心の問題や悩みの改善や解決を試みようとするものである。そして現在、世の中には「〜カウンセリング」というものがたくさんある。たとえば、化粧品販売でのカウンセリング、スポーツジムやフィットネスなどでのカウンセリングなどは日常よく目にするものである。

　辞書でその意味をひくと、カウンセリングとは「個人のもつ悩みや問題を解決するため、助言を与えること。精神医学・臨床心理学

等の立場から行うときは、心理カウンセリングと呼ぶことがある。身上相談。」（広辞苑第七版）とある。現在「カウンセリング」は日本語として定着し、専門用語としてではなく、一般名詞として日常身近に使われていることがわかる。ただ、このようにふだん目にすることの多い、一般名詞としての「カウンセリング」の基本は、その個人に合わせて、オーダーメイドで、課題や問題、悩みに応じた解答（回答）を対面でおこなうものと言えよう。

　では、専門用語としての、心理臨床での「カウンセリング」とはどのようなものであろうか。一般に用いられる「カウンセリング」は「〜についてのカウンセリング」というように、何か特定の分野や課題に対してのものであるのに対して、心理臨床での「カウンセリング」は、多種多様な心理的な課題や問題、悩みを対象とするものと言えよう。たとえば、子どもの指しゃぶり、チック、不登校、いじめ、非行、友達ができない、勉強ができないなどがある。おとなになれば、恋人ができない、就職できない、仕事が合わない、集団や組織に適応できない、近隣の人間関係がうまくいかない、子育てに不安がある、家族（親子）関係がうまくいかない、ドメスティックバイオレンス（ＤＶ）がおさまらない、毎日が楽しくない、自分が生きる理由あるいは意味が見つからない、死ぬのが怖い、などなどさまざまな年齢でのさまざまな問題や悩みが対象となる。身近で「よくあるもの」から、深刻で「放っておけないもの」まで、実に年齢幅も広く内容もさまざまである。カウンセラーは、もちろんすべての問題や悩みに同列に（同様に効果的な関わりで）応じることは無理であるとしても、どのような問題や悩みであっても、できるだけクライエント（相談に来た人）の役に立つことが求められる。そのため、人が生きるうえで出会うさまざまな体験やその時に感じることに対して、自分が実際に体験したことがないこと

でも、想像力をもって相談に応じることができなければならない。「そのような問題に関しては知識がない」とか「自分はそのような体験はしたことがない」とか「どのような気持ちになるのかわからない」では、心理的援助・カウンセリングは成り立たないのである。心理療法やカウンセリングの知識・技術だけでなく、カウンセラー自身の人生経験がカウンセリングにおいては大きな意味を持つと考えることは当然であると思われる。カウンセラーをめざす若い人たちには、是非とも、さまざまな人生経験（特に、辛い、悲しい、苦しいなど負の経験）を積んでほしいと思う。

1　カウンセリング・心理療法の歴史

　先に述べたように、古代より人間は、日々の生活において少しでも多くの幸せを求めてきたであろう。ひもじさから逃れるための食糧の確保や身の安全の確保に努め、安全を脅かす不可解な自然現象（天変地異）や、自分自身や周りの人びとの病気（体調の不良）や死（生命の終わり）は人びとの不安や恐怖の中心であったであろう。

　そのような不安や恐怖から逃れるために、人びとは、シャーマン、霊媒師、呪術師、占い師、預言者、そして宗教家などに頼ったのであろう。人類の歴史上、昔から世界各地にこのような人びとが存在していた。その中で、たとえば宗教では、次のような教えを人々にあたえ、心の安定を手にする役割を果たしていたのであろう。

キリスト教

　神父や牧師などが「聖書」により人びとに生き方を教え、幸せとは何かを考えさせてきた。さらに、教会で懺悔や告解をして、犯した罪を神に告白することで「不安な、落ち着かない気持ち」が軽くなることもあった。「私」がひとりで秘密を持ち続けることの心理

的な負担が心を重くし、心の悩みになることもあった。

うちあける相手が「神」ではなくても、身近な他者であっても、話を聞いてもらって気持ちが軽くなることは、現在のわれわれの普段の生活でもよくあることであろう。悩みがあり、心にひっかかるものがあるとき、家族や友人に「話を聞いてもらって気持ちが軽くなった」ということは、誰にも経験があるだろう。

仏教

今から2500年ぐらい前に、お釈迦さまが四苦（生・老・病・死）から逃れるために日常生活のすべてを投げ捨てて出家し、苦労の末に悟りを開いてその教えを人びとに伝えてから、人間が生きていくうえでのさまざまな悩みにどのように対していくのか教え続けている。

その基本は「悩みを捨てる」「悩みから離れる」ことであり、「解脱する」ことが「救い」すなわち到達点となるという。はじめは、ある人が悩みから逃れようとして出家して（俗世間を離れて）、ひたすら自分自身が悩みから逃れることをめざしていたものが、自分が修行して解脱を目指す一方、庶民をも救う活動が行われるようになってゆく。さまざまな仏事（葬儀、周年忌、法要、墓参りや送り火などのお盆の行事）が庶民に広まり、亡くなった人たちの冥界での幸福を祈るとともに、ご先祖さまや身近で亡くなった人たちを供養することで、自分が生きる支えを手に入れようとすることになった。

次に、現在の臨床心理学やカウンセリングにつながる流れを見てみよう。

臨床心理学という学問には、大きく分けて二つの流れとその統合の歴史がある。

第一の流れは、科学的に人間を研究しようとする流れである。

　先に述べたように、ヴントが1879年にライプツィヒ大学に心理学実験室を開設し、科学的に人の「心」を研究し始めたことにはじまる

　個人を科学的に記述するために、その特性を数量化して客観的に記述する「心理テスト」が開発され、それが発展し広く活用されるようになったのがこの流れの特徴である。

　20世紀初頭にフランスでビネーによって世界で初めての「知能テスト」が作られ、人びと（はじめは子ども）の知的能力の測定が始まった。以降「性格テスト」やさまざまな「性向を測るテスト」が作られていった。これらの心理テストは、職業の選択や軍隊での人材の適材適所での配置、教育の場における児童生徒への適した教育の判断材料として、今日まで用いられてきている。心理テストは、その人についての有用な情報の比較的簡便な収集手段である一方で、その「対象範囲を超えた部分については何もわからない」ことや、得られた「結果をどのように意味づける（価値づける）か」という問題があり、得られた結果がその人の評価として使われて差別につながる、との批判が現在も続いている。

　第二の流れは、「無意識」の研究の流れである。

　19世紀後半から20世紀前半にかけて、フロイトが創始した「精神分析」の考え方が世に広まっていった。その考え方の中核となるものが、人の心の奥深くに存在すると考えた「無意識」という概念である。「無意識」と呼ばれるものは、普段「意識」ではその存在をとらえられない、その存在に「意識」ではたどりつけない、しかし生活にさまざまな影響をおよぼすものである。本人にもよくわからない、心の深いところに存在すると考えられるものである。日常生活での言いまちがいや書きまちがい、毎日会っている人の名前が

出てこない、意味の分からない変な夢を見た、など「意識」では説明できない体験がわれわれの日々の生活にはあるが、それらは心の奥深くのこの「無意識」の中にある何かが引き起こしていると考えるのである。一人ひとりの人間の心の問題や悩みの原因と考えられるものが、この「無意識」の領域に閉じ込められていると考えるのである。この、「無意識」を研究する流れは、個人個人のそれぞれの心の問題や悩みの解決を目的としている、現実的で実用的なものである。その意味で、このフロイトの「精神分析」の考え方が、現代の臨床心理学やカウンセリングのはじまりといえるであろう。

　そして、第一の流れと第二の流れの統合がおこなわれた。
　第一の流れ「個人を客観的に見ようとし、その特性を測定し数量化して表現する流れ」と、第二の流れ「個人の心の奥底を知ってその人の問題や悩みを解決しようとする流れ」とが、「投影法」と呼ばれる心理テストの開発によって一つの流れにまとまった。
　この「投影法心理テスト」の代表がロールシャッハ心理検査である。患者（クライエント）が左右対称のインクの染みの図版を見て、そこに何が見えるか、それが何に見えるか、を自由に答える。その答えを手がかりにして、その人のパーソナリティの特性や抱えている問題や悩みの質や深刻さ、問題解決の方法を考えていこうとするものである。反応（回答）は心の深いところから本人も意識せずに出てくるものとされ、それをデータ化して客観的に処理するのである。
　これら二つの流れから、後に再び詳しく述べるが、以下のような心理療法やカウンセリングの理論や方法がうまれそして発展してゆく。

　第一の流れでは、

まず、ハル、スキナー、ワトソン、アイゼンクなどによる行動療法がうまれた。

　これは、科学的な手法で、心理的問題や悩みへの対応を考えるものである。ここでは「行動は、体験をとおして身についたものである」と考える。パヴロフにはじまる「条件付けの理論」「学習理論」を基本にしている。

　問題行動を、「未学習」「誤学習」「過剰学習（例えば強迫性障害での何度も確認しないといられないような行動）」と理解して、適切な行動を「学習」することをおこなう。クライエントが無理なく達成できる目標を設定し、その積み重ねによって適切な「行動」を身につけていく。

　幼い子どもから高齢者まで、障がいをもつ人も、その適応の範囲は広い。行動が変化したという結果がはっきりとわかるので、いわゆる「エビデンス（根拠）の重視」に合致するものである。

　一方、その研究の始まりの「動物実験の結果」を「人間（の理解と対応）へ応用」している、すなわち動物と人間を同じにあつかっている、との批判や、人間の内面（心）の動きを無視している、人間を機械のように扱っている、との批判もあった。

　しかしながら「学習」は、われわれの普段の人間関係の中で、自然に「している」「されている」ものでもある。

　ベック、エリス　などによる認知療法がある。

　心理的な問題や悩みを、その人特有の「ものの見方や価値判断のしかた（認知）の偏りや歪み」からくるものと考えて「認知」に焦点をあてる。

　誰でも人は、それまでの経験をもとに、自分に特徴的な体験の見方や意味づけの仕方を持っている。そして、自分がした体験をど

のように価値（意味）付けるかで、その後の行動も左右されるとする。問題や悩みを抱える人の中には、経験にマイナスな価値づけをしてどんどん気持ちが落ち込んでゆく人が多い。いわゆる「鬱（うつ）」の人たちが典型的な例である。日本人は、真面目で神経質、細かくて気が小さい、など「認知」に問題を抱える下地をもつ傾向の人が多いと思われる。問題や悩みを抱える人が、自分の、体験（事実）の受け止め方の特徴や偏りに気づき、考え方を変えてゆくことで問題や悩みを克服しようとするものである。

　たとえば、仕事で失敗して上司に叱責されたとしよう。マイナス思考の人は「上司に嫌われた。もう自分は頑張っても認めてもらえない。この会社にいても出世の見込みはなくなった。人生、もう終わりだ」などと、一つの体験について悪いほう悪いほうへと考えを進めていってしまう。一方、プラス思考の人は「自分は上司に期待されていたのだ。それに応えられなかったから、上司は自分を叱ったのだ。よし、今度はきっと期待に応えてやろう。はやく挽回するチャンスが来ないだろうか」と積極的な受けとめ方をして、そしてその後の生き方も良い方向へ変わっていくだろう。

　行動療法と認知療法を効果的に組み合わせて、症状や問題行動の改善や解決を図る認知行動療法がある。人間の心を「環境と人間の相互作用」ととらえ、環境に対する反応を「認知」「気分・感情」「身体反応」「行動」の領域に分け、人間と環境の相互作用に加えて、さらにこの4つの領域の相互作用も考えようとする。相互作用の中で自分が悪循環におちいっていることに気づき、「認知」と「行動」を変えてゆくものである。さらに、最近の認知行動療法に取り入れられているものに「マインドフルネス」がある。今この瞬間にクライエントが体験していること（思考・感情・身体感覚・外部からの刺激など）について、あるがままに気づくようにクライエン

トの意識を向けさせる。あるがままにその体験に気づくことで、体験の中で作りあげてきた自分特有の偏った「認知」からの「脱中心化」をねらうものである。

　つぎに、第二の流れでは、

　フロイトによる精神分析がある。
　「意識」ではその存在を確認できない、そこにたどり着けない「無意識」という領域を心の中に仮定する。その「無意識」の領域に押し込められている、幼児期の「外傷（トラウマ）体験」が「意識」に浮かび上がろうとするのを阻止しようとする、心の自動的な防衛のはたらきが「神経症」の症状として現れると考えた。フロイトは神経症のヒステリー患者の治療の過程で、このような理論を作り上げた。
　治療は「無意識」の領域に抑圧されている外傷（トラウマ）体験を「意識」に引き出すことである。「意識」化できてしまえば、症状は存在する意味がなくなる（消失する）、と考える。この「無意識」の「意識」化を、「自由連想法」や「夢の分析」を用いておこなった。フロイトの有名なことばに「夢は無意識への王道である」というものがあるが、夢を手がかりに「無意識」を探ることが有意義であると考えている。
　フロイトは、心（無意識）をその人個人のものと考えた。また人間の本質を「性」の欲望を満たそうとするものであると考えた。
　この理論は、実証不可能な「無意識」という概念を用いることで、非科学的だとの批判をうけた。また、精神分析には、自己をかえりみて言語表現する「知的な能力」や、治療を長期間続ける「意志力」が求められる。さらに、診療を多くの回数受けるための「経済力」も求められる。そのため、適用範囲が限られるという批判も

ある。

　ユングによる分析心理学がある。

　はじめ、フロイトとともに「無意識」の研究をおこなったが、考え方の違いからフロイトとは袂を分かつことになった。

　「無意識」には、その人にだけの「個人的無意識」に加えて、人びとや広く人類に共通の「集合的（普遍的）無意識」というものがあると考えた。そして、心の問題を「意識（ペルソナ）」と「影」の「統合（交流による相補的関係）」ができていないために生じるものと考えた。

　さらに、「集合的無意識」には「元型」と呼ばれるものが存在していて、それはイメージによって「意識」に現れるとする。「アニマ・アニムス」「グレートマザー」「老賢者」などがあげられる。

　治療は、患者の「夢」の分析や対話（患者と治療者それぞれの「意識」と「無意識」との交流）によっておこなう。患者の心が「統合」されることをめざし「統合的自己」あるいは「自己実現」が治療の目標とされる。

　以上の、フロイトとユング、この二人の考え方は「深層心理学」などとも呼ばれる。

　そして、人間の「心」についてのこのような、一つめの「学習」を重視する流れ、二つめの「無意識」を重視する流れ、二つの流れにもとづく考え方に対して、その後、それらを批判的に受けとめ、それらとは異なる考え方に基づく理論がうまれ、問題や悩みへの対応の方法も生まれてくる。

　第三の勢力と呼ばれるものである。

それは、人間の存在とはなにか、生きることの意味はなにか、ということを考える実存哲学のながれ、抽象的に人間というものを考えることよりも実際に人間がどのように存在しているのかということをみていこうとする考え方に基づくカウンセリング・心理療法である。ランク、アドラー、ブーバー、ゴールドスタイン、フランクルなどによるさまざまな理論や方法があるが、いずれも人間にはより建設的に生きていこうとする力があるということを重視し、真の対人接触が心理療法の基礎であるという考え方が共通している。

　これは、人間主義的心理学（ヒューマニスティックサイコロジー）とも呼ばれる、人間の主体性や潜在力に信頼をおく心理学の流れである。人間の内省能力・自己実現能力・自己決定などを尊重する、人間中心のカウンセリングである。そのうち代表的なものとして、

　ロジャースによる来談者中心療法がある。

　「自己概念」と「体験的自己」の不一致により、問題や悩みが生じると考える。この不一致（ズレ）を小さくすることで、問題の解決に近づくとする。この理論では、治療的な『場』を重視する。具体的にはクライエントに対する「カウンセラーのあり方」である。特別な知識や技術を用いなくても、カウンセラーが治療的な『場』をつくりだすことができれば、クライエントはおのずから問題を解決すると考えた。

　このほか、第三の勢力と呼ばれるものには、フランクル、ロロ・メイなどによる実存療法やパールズによるゲシュタルト療法などがある。

　以上に述べてきたカウンセリング・心理療法には、大きく分けて二つの方法がある。

その二つとは「エビデンス（根拠）重視」の方法と「ナラティブ（物語）重視」の方法である。それぞれをみてみると、

エビデンス重視：科学的なデータによる裏付けを重視する
　　①問題を診断する
　　②問題を量的に測る
　　③効果が実証された方法を選択する
　　④効果を量的に検証する
　　セラピストが「心の問題の専門家」としてクライエントに対する。
それに対して
　ナラティブ重視：個人の「人生や問題の専門家」はそのクライエント自身である。
　　問題が問題であり、人や人間関係が問題ではない。
　　人が「現実だ」と信じているものも、その人の「心理的な意味づけ」によって構成されたものである。
　　クライエントが「真実だ」と信じて語る「問題」のナラティブを、より「健康」なナラティブに書き換えることを目標にする。
　　問題を「外在化」して、自分が主体的に関われる視点を生み出すのが目標である。
となる。

　以上、現代のカウンセリング・心理療法のながれの概要をみてきたが、筆者はこれまでみてきたそれぞれよりも、もっと広い視野で問題をとらえ、対応を考えられないだろうか、と考えている。それについては第三部で述べることとする。

さて、先にも述べたように、カウンセリング・心理療法の現在の特徴は「科学としての心理学」によるということである。ヴントが心理学実験室をつくり、心理テストが開発され、個人の特性が測定され、数量化とその分析の技法がすすんできた。第二次世界大戦での兵士の適材適所の判断や、職業の適性を判断することに用いられてきたことはすでに述べた。ここで考えてみたいことは「科学的に人間をみる」ということについてである。科学的方法の基本は、分析である。

　「人間はこの世のことを考えるときに、二分法に頼るのがまず一般である、と言えるだろう。二分法の組合せによって複雑な現象を解析するコンピュータに示されるように、二分法というのは実に強力なものである。したがって、世界中の多くの神話において、ものごとを二分することが語られるのも当然のことと思われる。」（河合隼雄 2016a p.3)

　数量化することは、目でみて分かりやすく、誰もが納得する、別の人も確認できるメリットがある。たとえば、「今日は暑い」と言うよりも「今日の気温は、33℃で平年よりも6℃も高い」といえば、誰もが同じように気温についてイメージできるであろう。数量化により、多くの人に分かりやすく説明でき、また、人は説明されると納得できて安心する。人はそれまでの経験や知識では理解できない状況に置かれると不安になる。そこから抜け出そうとしてあれこれためすことになる。そのときに有効なのが二分法的な見方であろう。

　分析は、二項対立（ゼロか1か、正か負か、○か×か、男か女か、正しいかまちがっているか、などなど）に始まる。そして、分析という理解するための道具が、価値をもつ（道具に価値が付随する）ことになる。「良いか悪いか」「優れているか劣っているか」「好きかきらいか」などである。そこからさらに、分析的・対立的な見方が

社会に混乱や不幸を生み出すこともある。民族間の対立、女性や障がい者あるいは外国人への差別、いじめ、などなどである。

　数量化は、カウンセリング・心理療法の場で、クライエントの特性や問題の理解、対応を考える情報に用いられている。それは、アセスメント（評価）である。アセスメントの方法は大きく分けて二つあり「面接」と「心理テスト」である。中でも、面接は最も重視される。

面接：面接者（カウンセラー）自身が刺激材料となって情報を集めることができ、問題や悩みを抱えている人についてさまざまな情報を得ることができる。問題や悩みを抱える当事者とじかにやり取りすることで、必要に応じて、質問内容やこちら（カウンセラー）のありかたを変化させることで、臨機応変にクライエントについてのさまざまな情報を手に入れることが可能になる。また、面接でのやり取りの過程が、すなわち問題や悩みの解決に近づくこともある。このことは、臨床心理学・カウンセリングにおいては、情報収集が単なる情報集めの行動ではないことを示している。すなわち「科学的であれば良い」わけではないことを示す例であろう。ただし、面接者が、刺激材料となる自分自身のことをよく知っていることが必須の条件である。自分の何がクライエントの反応を引き出したのかを理解している必要がある。非常に重要で有用な面接ではあるが、面接は一対一でおこなわれるため手間ひまがかかるということが短所である。

心理テスト：内容の妥当性や結果の信頼性、標準化の手続きなどがしっかりとできているテストは有効である。心理テストによるデータの収集と分析は、面接に比べて短時間で経済的におこなわれることが多い。しかし、先に述べたように、テストで測っている範囲以外のことはわからない、という限界がある。また、これも先に述べたように、結果が被検者の評価にむすびつけられて、場合によって

は差別につながることもある。そして「自分のことを一番よく知っているのは自分自身であるはずなのに、自分のことを外部のもの（心理テスト）によって決められてしまう」という大きな問題（『自己疎外』）がでてくる。カウンセリングの基本が、自分で自分のことを知り、自分のすべきことをみつけること、ということであってみれば、心理臨床の場で「心理テストの結果」をどのように利用する（べき）かは、真剣に考えることが必要であろう。

2　カウンセリング・心理療法の現状

さて、先にカウンセリング・心理療法の歴史の中で、さまざまな心理療法について簡単にみてみたが、ここで少しくわしく、現代のカウンセリング・心理療法をみてみよう。

精神分析

人間は、「意識」で自分のことをすべて把握している（わかっている）わけではない。自分のことなのに自分で理解や説明できないことが少なからずある。たとえば錯誤行為がある。言いまちがえや書きまちがえ、ど忘れなどである。精神分析では、それらにも「無意識」の中に理由があると考える。

無意識の内容（問題をひきおこすのは、無意識にしまいこまれている「外傷体験」）を意識で把握するために「自由連想法」を用いる。患者は寝椅子に横になり、心（頭）に思い浮かぶことをすべてありのままに話す。話さない自由はない。分析者は患者から姿が見えないところで、話を聞く。患者が言いよどんだり、言いかけてやめたり、沈黙したりした時、意識が「外傷体験」に近づき「抵抗」が働いていると考える。その「抵抗」を乗り越えてゆくと、「洞察」（ああそうだったのかという気づき）がやってくる。そして、症状は消え、心の安定が生まれる。そこから、その後の生き方にも変化が生

じる。

　時間がかかることではあるが「洞察」にいたることで、生き方が大きく変わるとされる。

　また「夢の分析」をおこなう。「夢」が「無意識の中にある何か」を教えてくれている。患者は治療者とともにその夢の意味を考える。

　患者の治療者への「転移（感情）」も分析の大切な手がかりである。治療場面で、患者の幼少時の親に対する感情が治療者に投影されるものである。治療者は、患者が自分に向けてくる感情を受けとめ、それを材料として、患者が自分の外傷体験を見つけだす作業を支援する。

　現在は、一回１時間、週に４回以上というフロイトの古典的な方法はとられなくなっている。「精神分析的心理療法」と呼ばれる、週に一回50分〜60分のペースでの面接が行なわれるようになっている。

　精神分析は「時間がかかる」「お金がかかる」「分析をおこなえる分析医が少ない」など、マイナス面も多い。そして、先に述べたように、患者には、自分について考える「意志の強さ」「内省する能力」「思考や表現のための高い言語能力」などが求められる。そのため、だれにでも簡単におこなえるものとは言えない。

分析心理学

　人間の心の中に「意識」と「個人的無意識」さらに「集合的（普遍的）無意識」を仮定する。

　心のあるべき状態として「意識（現実）」と「無意識」との交流が十分におこなわれていること、そしてこの二つが一つに統合されていることを重視する。そのために「無意識」からのメッセージを「意識」が受けとめて、現実の生活の中でそれを活かすことが重視

される。そして「自己」の「統合」へと進んでいく。

　患者と治療者との対話を重視する。患者と治療者は「意識」レベルばかりでなく「無意識レベル」でも交流する。心の中の「意識」から少し深い部分の「無意識」に入ったところにある「自己」を心の中心にするべく、対話をすすめる。「意識」と「無意識」とが交流している状態、あるいはたがいに補い合っている状態である「統合的自己」「自己実現」が治療の目標となる。

　「箱庭」（後述）と組み合わせて、あるいは遊戯療法と組み合わせて利用されている。

行動療法
　人間の行動（思考をふくめて）は経験をとおして身についたものであるという考え（学習理論）をもとにしている。

　問題のとらえかたは、

　適切な行動をまだ体験を通して身につけていないことによる：

　　　未学習

　不適切な行動を体験を通して身につけてしまったことによる：

　　　誤学習

　ある行動を体験を通して必要以上に身につけてしまったことによる：

　　　過剰学習

の大きく3つである。

　治療的働きかけの対象は「行動」である。目に見えるもの、確認できるものを対象とする。計画された新たな体験によって新規に行動を学習したり行動を修正したりする。さまざまな手法が開発されており、一人ひとりにあわせて手法を選びプログラムを作り、小さな子どもから高齢者まで対象年齢は広い。わかりやすい、実行しやすい、無理なく達成できる小さな課題を一つずつ積み重ねることが基本である。

行動が変化すれば、結果として、こだわりや不安というような気持ちの問題は解消されるとする。行動が変われば、気持ちも変化すると考える。

　さまざまな問題に利用できるので、汎用性が高い。他方、動物実験の結果を人間にそのまま用いることへの不信もある。さらに、予期せぬ誤った体験（学習）で、問題が元に戻ってしまうこともあるのではないか、さらに、ある行動がコントロールできても、別の問題行動が生じる可能性も否定できないのではないか、との疑問ももたれている。

来談者中心療法

　人間には「より良い存在になろうとする、より良い生き方をしようとする、潜在的な力がある（自己実現傾向）」との人間の存在への信頼を前提とする。

　日々の生活の中で「自己概念（自分は〜であるという考え）」と「実際に体験として存在する自分」が一致しないこと、ズレていることからさまざまな問題や悩みが生じると考える。「本当の自分、ありのままの自分」に気づくこと、受け入れることで、ズレを小さくしていくことを治療の目的とする。「本当の自分、ありのままの自分」に気づき、受け入れることができれば、自分がどのようにすべきかはおのずとわかり、問題や悩みからは解放される、とする。自分を見つめる機会、本当の自分をさがす機会、を提供することがカウンセリングの役割となる。

　カウンセリングは、非日常的体験である。普段は体験できない体験をする。そのために「カウンセラーのあり方」が重視され、治療的『場』の重要性が強調される。

　「カウンセラーのあり方」とは具体的には、

（1）　自己一致　　　カウンセラーは本当の自分を知っていて、自

分そしてクライエントにウソをつかないこ
と。

(2)　共感的理解　カウンセラーは、あたかも自分がクライエン
トであるかのようにクライエントを理解する
こと。

(3)　無条件の好意　カウンセラーは、いっさいの条件を付けずに
クライエントを好意的に受け入れること。

(4)　(1)から(3)が、クライエントに伝わっていること。クライエン
トと共有できていること。

である。

　この理論の目標とするところは「問題や悩みが解決した」という
到達点ではなく、クライエントが「常に変化し続ける人間」「より
よく生きようと、常に努力し、変化し続ける人間」となることであ
る。

　この理論が世に紹介された初期には「非指示的療法」と呼ばれた
が、カウンセラーは、特段のトレーニングをしなくても、知識や技
術がなくても「指示しない」ということに努めれば誰でもできる、
と誤解された。カウンセラーが上に述べたその「あり方」をきちん
と形にできずに、何もせずただ「ふんふん」とクライエントの話を
聞いているだけとなってしまい「問題や悩みの解決に役立たない」
「甘やかしているだけだ」などと問題視されたり、批判されたりす
ることが今でも多い。

　この理論でのカウンセラーのあり方は、他のカウンセリングや心
理療法での治療者の態度においても基本的で大切なこととされてい
る。日本では、特に教育現場で利用されることが多い。汎用性は高
く、日常の普通の人間関係においてもその基本的なカウンセラーの
姿勢は活用できる。「カウンセリングマインド」とも呼ばれている。

認知行動療法

　行動療法の考え方に、人間の主体性を加えて作られた方法である。治療の目的は、自分の認知の特性（非現実的な考え方、偏り）に気づき、行動を変えていくことである。

　好ましくない事実（時には好ましい事実について）を、これまでの経験から作られた悲観的見方で見る人が少なくない。そこから、さらに悪いほうへ、悪いほうへと考えが進んでいき、思考の悪循環にはまる。そして、身動きが取れなくなり、自信のなさ、罪悪感、強い不安、将来への希望のなさ、絶望感、などへとつながっていく。真面目で、ゆとりがなく、うまくいかないことの原因を自分に帰属させる、というような日本人には多い性格が悲観的なものの見方を作っていることが多いと考えられる。

　この療法では、課題（治療者と共に検討し、自分で決めて）をおこなうことで、自分の考え方の偏りに気づき、行動をとおして修正していく。

　基本的な原則として、

(1)　まず、セラピストが自分自身のために認知行動療法をつかえること。

(2)　クライエントの問題を「認知行動モデル」によって理解すること。

(3)　セラピストとクライエントがチームを組み、協同（協働）して話しあいや作業を進め、問題解決に挑戦していくこと。

(4)　今、目の前にある問題に焦点をあて、数字などで表現し、セラピストとクライエントが一緒に問題を理解し解決しようとすること。

(5)　心理教育によって、クライエントが自分で認知行動療法をできるようになること。（次回のセッションまでの宿題を実行するなど）

(6) １回のセッションの流れ、ケース全体の流れについて、計画を立てスケジュールにそってすすめていくこと。

すなわち、

認知的視点から問題（情動・行動）を解釈すること

クライエントとカウンセラーが共同して問題解決に取り組むこと

問題を数字などで表して具体的な目標を設定すること

宿題などの形で、クライエントが生活の中で実践の練習をすること

宿題の結果を、クライエントとカウンセラーが面接で検討すること

次の面接に向けた課題（宿題）を設定すること

などが特徴であり、以上を繰り返して、治療を進めていく。

クライエントが、自分で自分の問題に対処できるようになることを目的とする。

家族療法

問題を個人（多くは子ども）のものとは考えずに、家族（集団の関係性）の問題ととらえる。個人の問題の解決ではなく、家族という人間関係の、問題を生み出す悪いあり方を変えることで、結果的に個人の問題の解決を図る。家族療法にもいくつかの療法がある。

MRI家族療法：家族構成員の相互作用のパターンの見立てをおこない、悪循環を断ち切る行動を導入する。

構造的家族療法：家族のサブシステムへ注目する。セラピストが家族へ参加して、問題状況を演じることで、理解と解決への道筋を見つける。

戦略的家族療法：主訴を迅速に効果的に解決することをめざす。

などである。

芸術療法

芸術をとおして「自己を表現する」ことで、心のバランス、ま

とまりを取もどそうとするもの。「箱庭療法」や「遊戯療法」とも共通する特性を持つ。最近は高齢者施設などでも利用されるようになってきている。たとえば、

身体表現：ダンスムーブメントセラピー

音楽表現：音楽療法

絵画表現・造形表現：なぐり描き法、コラージュ療法

などがある。

　形式的に、あるいは内容的にきちんとしたものではなくても「自然に楽しく表現する」ことがポイントとなる。

箱庭療法

　芸術療法とも関係する。ユングの分析心理学と関係が深い。おとなはもちろん、子どもの遊戯療法にももちいられる。

　イギリスのローウェンフェルトの「世界技法」をスイスのカルフが心理療法に導入した。ユング研究所で学んだ河合隼雄が日本に紹介して、以後日本で広まった。

　内側を水色に塗った箱（内のり57×72×7 cm）に砂を敷き詰め、ミニチュアの玩具（人間・動物・草木・建物・乗り物・怪物・天使や仏像など）を用いて、イメージする世界を作っていく。保護された空間（箱の中）で、治療者に温かく見守られながら、クライエントが自由に自己表現をする。作品を作ることで、悩み・問題が改善・解決していくとされる。クライエントの問題によっては用いられないこともある（例えば、統合失調症）。

　作られた作品には、クライエントの「無意識」の内容が自然に表現されるという。作品を作ることで心の中が整理され、問題解決につながるとされる。子どもや、言語表現が苦手、うまくできない人たちにも使える。

以上はおとなを対象とした心理療法であるが、子どもを対象としての心理療法もある。

　遊戯療法

　精神分析では、フロイトの末娘アンナ・フロイトが、遊ぶことに「児童分析」を導入した。「自由連想」に代わるものとして子どもの「遊び」を用いたものである。来談者中心療法では、アクスラインが「プレイ・セラピー（遊戯療法）」において注意するべきこととして、「８つの基本原理」を述べている。たとえば、
　「子どもとの暖かい心の交流がある関係をつくること」「子どもが自由に行動できる雰囲気であること」「子どもの主体性が尊重される状況であること」「最低限のルールを守ること」
などである。
　適度な広さのプレイルームにゲームや遊具が用意されていて、子どもは決められた時間をセラピストと遊びながらそこで過ごす。
　子どもの遊びは「自己表現による治癒（カタルシス、心のバランスの回復）」「自己肯定感の強化」「社会性の獲得や強化」などにつながるとされている。
　保育所や幼稚園・児童養護施設・児童相談所などでも、子どもの「遊び」はより積極的な意味づけでおこなわれている。
　さらに、おとなにとっても「遊び」は重要である。目的を持たない行動、それをすること自体が目的となる行動、他者からの評価を気にしない行動、は自己表現の手段として大きな意味があると思われる。

　さらに、日本で創始された、宗教（仏教）の考え方を背景に持つ理論・方法がある。

森田療法

森田正馬による。

ささいなことが気になり、気になるとそこから意識が離せなくなる。そのため日常生活での自由さが失われる「精神交互作用」に苦しむ森田神経質とよばれる患者を対象とする。40日間ほどの入院により治療をおこなう。

問題や悩みを解決しようとするのではなく、問題や悩みへの関わり方・考え方をかえること、「とらわれ」から自由になることを目標とする。入院は大きく四つの時期に分かれる。

絶対臥褥期：何もしないで、ひたすらベッドに横たわり、悩む自分とひたすら向き合う

軽作業期：何もしないことに飽きてきて、身体を動かし身のまわりのことを自分でする

重作業期：活動を増やし、自分のことばかりでなく他者（みんな）のために何かする

復帰訓練期：病院から、家・学校・会社に行き入院前と変わらぬ行動をして、また病院に帰ってくる

このような体験から、問題や悩みは変わりない（なくなったわけではない）が、それでも普通に生活できる自分に気づくことが治療の目標となる。

「あるがまま」に生きるようになる、という考え方を治療の中心にしている。「あるがまま」とは、悩む自分を否定したり排除したり遠ざけたりせず、そのままに受け入れるということである。

内観療法

吉本伊信による。

これまでの自分の体験を振り返り、他者とのやり取りの事実を思い出す作業を、自分だけでひたすらに続ける。

思い出すことで、これまでも今も、自分は一人ぼっちではないということ、たくさんの人たちに愛されて生きてきた（いる）自分に気づくことが目標となる。思い出す内容は、身近な人たち（母、父、祖父母、兄弟、先生、上司、友だち、同僚など）に、

　「していただいたこと」

　「してお返ししたこと」

　「迷惑をかけたこと」

の3つである。

　この「思い出すこと」（内観）は、特定の場所で集中的におこなうものと、日常生活の中で繰り返しおこなうものとがある。

集中内観：全国にある「内観研修所」で一週間、朝から夜まで一日に15時間おこなうもの。

日常内観：日々の生活の中で、わずかな時間でも自分を振り返る時間を作りおこなうもの。

　研修所での研修では、指導者から言われるのは「何を思い出すか」ということだけである。このような体験をすることで、問題や悩みへの取り組み方や、自分の（これからの）生き方は、誰かに何かを言われなくともおのずとわかる、とされる。他者への感謝の気持ち、他者のために積極的に生きていこうとする気持ちが生まれるとされる。犯罪者の更生にもちいられてきたが、抱えている問題や悩みの解決のために、あるいは、問題や悩みは特にないがもっと充実感のある人生を送りたいと思う人たちが体験することが増えてきている。

　仏教の、僧侶になるための修行の中の「身調べ」をもとにしている。「愛」と「罪」という人間存在の根本に焦点をあてて、自己存在のおおもとに気づくことをめざす。

コミュニティー援助

コミュニティーとは、地域社会・企業・学校などの人びとの共同体のことである。

コミュニティー援助は、コミュニティー心理学の分野で研究・実践されているものである。コミュニティー心理学では、援助する人もされる人も、同じ地域社会に住み、地域の一員として共同生活をおくる対等な関係であることを前提とする。20世紀半ば過ぎに研究・実践がはじまり、心理学の分野でも比較的新しい分野である。

個人の行動を、環境や社会との相互関係の中でとらえ、単なる個人療法ではなく、地域や社会を視野に入れた支援活動をめざす。焦点をあてるポイントは、

コラボレーション（協働）

QOL（生活の質）の向上

コンサルテーション

危機介入

心理教育

などである。

以上ここまで、現代のさまざまなカウンセリング・心理療法の理論や方法を見てきたが、現実には多くのカウンセラーは、自分が学んで身に着けた理論や方法を中心にして、臨機応変に、クライエントの特性や時と場合に合わせて、複数の理論や方法を組み合わせてもちいている。いわゆる折衷主義である。

さまざまな理論や方法が併存するということは、いまさらあらためて言うまでもないことではあるが、人間の心は複雑で、まだまだ分からないことが多いということである。ただ一つの方法で、すべての人間を理解できる、問題や悩みに対応できるものではない、ということである。

一つの理論や方法にこだわるよりも、今、目の前にいる悩む人に、いかにして役に立てるかが重要なことであろう。臨床心理学が他の心理学の研究分野と性質を異にするのは、まさにこの点においてである。

　そしてまた、もともとは問題や悩みを改善し解決するためのカウンセリングではあったが、最近ではそのためばかりでなく、現状よりももっと良い、納得できる、充実感のある生き方をみつけるためにカウンセリングが利用されることもあるということである。

　つぎに、カウンセリングはどのような場面で活かされているか、そこではどのような特徴があるかを見てみよう。

医療の場で

　病院では、カウンセラーは精神病患者（統合失調症やうつ病）に対して、医師の指示のもとに、心理テストの実施（心理アセスメント）やカウンセリングなどの心理的介入を、そして患者が日常生活での実践を学ぶなどの心理教育をおこなっている。

　さらに、PTSDへの支援がある。犯罪の被害、事故の被害、自然災害での被災、そして子どもの虐待被害など、「命にかかわるようなひどく心が傷つく体験」をすると、その後の心の安定が脅かされ、日常の生活にさまざまな支障が生じることになる。また、終末期医療での支援がある。安楽死や緩和ケアについて、患者や家族の心理的な支援をおこなう。

　そして、身体的な問題だけでなく、日常生活での困難に直面して、ストレスや心理的困難を抱える患者やその家族に対しての心理的支援がある。患者の生活の質（QOL）の向上にむけての支援である。

　病院の外でも、精神保健の分野で、精神保健福祉センター、保健

所などでカウンセリングはおこなわれている。

教育の場で

学校現場ではスクールカウンセラーが、学校外の教育相談室などではカウンセラーが活動している。

対象となる問題は、不登校、いじめ、非行、発達障害、虐待などさまざまである。心理テストや面接でアセスメントをおこなったり、本人へのカウンセリングをおこなったり、教師や親へコンサルテーションをおこなったりしている。生徒に対してだけでなく、保護者や教師に対してもカウンセリングがおこなわれることがある。

そして最近では多文化カウンセリングも、その必要性が注目されている。日本に住む外国人家族の増加により、就学しない外国人の子どもたちや就学しても勉強についていけない子どもたちが増えてきている。そのような外国人の親に対して、現場の教員に対して、もちろん子どもたちに対して、カウンセリングは必要とされている。

福祉の場で

ソーシャルワークとの連携が重視される。児童相談所での児童福祉で、高齢者福祉で、障がい児・者の福祉の場で、カウンセリングはおこなわれている。行政機関の窓口で、さまざまな施設で、利用者やその家族に対して、問題の現状や悩みの理解、共感、対応の検討に活用されている。

保育の場で

先に述べたように、子どもの遊びをより意味のあるものにするために、カウンセリングの考え方は利用される。また、最近では、子育ての悩み、児童への虐待、発達障害、などの問題があるため、保

護者に対しておこなわれるだけでなく、保育士に対しても子育て支援やコンサルテーションとして、カウンセリングが活用されている。保育園、認定こども園、子育て支援センターなどでカウンセリングがおこなわれるが、巡回相談などでもおこなわれている。

法曹（司法・犯罪）の場で

家庭裁判所の調査官の仕事、少年鑑別所の鑑別技官の仕事、少年院の矯正教育の仕事、などでカウンセリングの理論や方法が活かされている。

少年犯罪の背景を知るために、本人や家族と面接をして問題の背景や周辺の情報を集める。罪を犯した少年たちに心理テストや面接をおこない、情報を収集して対応の方法を考える。矯正教育では、少年たちの心の状態を理解して更生につなげる、などがある。

産業の場で

今、働く現場では、長時間労働や職場での人間関係（パワーハラスメント）、こなしきれない仕事量による「うつ（鬱）」の発症などが大きな問題となっている。また、仕事が自分に合わない、転職したいという悩みはいたって普通のものとして、これまでもそして今もある。

そのような場で、産業カウンセラーが、キャリアカウンセリングやメンタルヘルス（ストレス）マネジメントに活動している。

ところで、心の問題や悩みは、どのような基準で判断するのだろうか。身体の病気は目でみて（検査をして）判断するが、心についてはどのように判断するのであろうか。

心の問題や悩みの診断基準

　心の問題や悩みは外からその形を確認できるものではない。そのため、診断や治療は困難を抱えることになる。心の問題や悩みの分類では、現在二つの国際疾病分類が用いられている。これは、疾病の理解と対応（の発展）を、国際的に共通のものとしておこなおうというものである。対応や治療の方法の開発を世界全体で協力しておこなおうというのである。そのような診断基準の、
一つめは、APA（米国精神医学会）のDSM（現在は5版）であり、
二つめは、WHO（世界保健機関）のICD（現在は11版）である。

　例えば、フロイトが精神分析の考え方をつくる時に治療の対象とした「神経症のヒステリー」という分類は、この二つの診断基準には現在は存在しない。現在は「解離性障害」や「身体表現性障害」と呼ばれて分類されている。昔からと同じ問題や悩みであっても、時代により、呼び方や問題のとらえ方・理解の仕方は変わってくることがわかる。加えて、現在の呼び方や分類も、将来、変わっていく可能性があるということである。

3　カウンセリング・臨床心理学の最近の研究動向と資格

　ここで、筆者の所属する「日本心理臨床学会」と「日本教育心理学会」での研究発表の動向を見てみる。「日本心理臨床学会」の研究報告（職能委員会 2018）では、実務経験年数が15年ぐらいまでは「行動療法」や「認知行動療法」「システム論的療法」などが臨床家の立場・療法として多く用いられている一方、実務経験30年以上になると「実存的」立場・理論が多くなると述べられている。また、「日本教育心理学会」について伊藤 美奈子（2018）によれば、研究方法は質問紙を使った調査が多く、新しい尺度の開発や既存の尺度を組み合わせてのものが多い、という。このようなことから、現在の心理臨床では、客観性や実証性を重視し、数量化して分析

し、因果関係を考えるような科学的理論・方法がとられている（特に若い人たちではこの傾向が強い）ことがわかる。

　また、研究方法について、筆者が所属している「日本心理臨床学会」「日本心理学会」「日本教育心理学会」「日本パーソナリティ心理学会」それぞれの直近の研究報告書をみると、「日本心理臨床学会」の心理臨床学研究第37巻第3号（2019年8月）では、研究論文5本のうち3本が事例研究、1本が尺度研究、1本がインタビュー質的研究であった。

　「日本心理学会」の心理学研究第90巻第4号（2019年10月）では、研究論文4本のうち1本はプログラムの実施と質問紙調査、2本が質問紙調査、1本が実験であった。

　「日本教育心理学会」の教育心理学研究第67巻第3号（2019年9月）では、研究論文5本のうち、1本が尺度研究、2本が質問紙調査、1本が実験、1本がインタビュー質的研究であった。

　そして「日本パーソナリティ心理学会」のパーソナリティ研究第28巻第2号（2019年11月）では、研究論文6本のうち、3本が質問紙調査、1本が尺度研究、1本が実験、1本がweb上での質問調査であった。

　4つの学会の合計でみると、全20論文のうち、質問紙調査（web上を含む）が9本、尺度研究が3本、実験が3本、事例研究が3本、インタビュー質的研究が2本、となる。

　このように最近の研究動向から見えることは、実証的（いわゆるエビデンスを大切にする）研究、研究を可視化しやすい方法が多いということになるだろう。

　しかし、このような現状の研究動向が、心理臨床の本質を表わしていると解釈することは正しくないだろう。

　問題を抱える人、悩む人を目の前にすれば、その問題や悩みを何

とかするためになんらかの援助をすることは当然のことである。科学的手法で情報を集め、結果を分析して、悩みを抱える人を理解し、対応の方法を決めるのも大切であろう。しかし筆者は、事例研究（ケーススタディ）の重要性をもう一度確認する必要があると考えている。情報の収集とその数量的処理・検討は重要ではあるが、目の前に悩んでいる人、困っている人がいれば「他の誰でもないその人のただ一回きりの今の生き方を、問題性を、大切にするは当然のこと」ではないかと思うからである。このことについては、後にまた述べる。

　次に、カウンセリング・臨床心理の資格についてである。
　民間にもさまざまな資格があるが、ここでは全国的な規模でかつ歴史のある「臨床心理士」の資格と、新しく国家資格として制定された「公認心理師」の資格について取り上げてみてみる。

臨床心理士

　1988年に、関係する諸学会が中心となり、公益財団法人日本臨床心理士資格認定協会が発足して、臨床心理士の資格がうまれた。以後30年余り、スクールカウンセラーの採用資格などにもちいられ、カウンセラーの資格として社会に広く認知されている。大学までの経歴や学歴は問わず、指定された大学院で修士課程を修了すること等が臨床心理士の資格をとるための受験資格となっている。さらに、資格取得後、資格の更新のために日常的に研鑽を積むことが求められ、10年に一度、資格更新の審査手続きが設定されている。

公認心理師

　心理学関係での初めての国家資格として、2017年に法制化され、2018年に初めて国家試験が実施された。大学学部と大学院の

６年間で、心理学関連科目を広範囲に学び修得していることを受験条件として求めている。

　では、日本における歴史上初めての心理関係の国家資格「公認心理師」を受験するために、どのような勉強をするのだろうか。以下に、概要をみてみると、

　　職責：法律上の役割、法的義務・倫理、情報の取り扱い、自己課題の発見・解決、など。

　　関係行政：保健医療、福祉、教育、司法・犯罪、産業・労働、についてなど。

　　医学：精神医学を含む。

　　心理的アセスメントと支援：理論、実践、支援（心理療法）、など。

　　心理学の基礎：実証的研究方法・統計、知覚、認知、学習・言語、感情・人格、脳・神経、社会・集団・家族、発達・障害、など。

　　確かに広範囲の学修が求められている。

　ところで、公認心理師法（2017年施行）で公認心理師は「心理に関する支援を要する者に当該支援に係る主治の医師があるときは、その指示を受けなければならない」（第42条２項）とある。このように、医療の現場では、医師が指示をおこない最終責任者となるため、訴訟など法的な問題が起きた場合は、医師がその責任をとることになる。

　以上のように見てくると、確かに資格を持っている人であれば、仕事をする側も依頼する側も安心感がもてる。一定の仕事内容の水準が保証されると考えられるからである。（公認心理師の資格ができるときの大義は利用者の安心の確保にあったようである）しかしながら、資格は、それがあれば十分というわけではなく、むしろ、そこからさらにより良い仕事が始まるという、最低限必要な条件、出発

点であるだろう。そのような自覚が欠かせない。

　そして、資格を取ることは、仕事をする人間が何らかの枠組みに組み込まれるということでもあることを忘れてはならないだろう。もともとカウンセリングとは「与えられたあるいは決められた枠組みにとらわれずに、悩み苦しんでいる人に寄り添い、ともに答えを探そう」というものではなかっただろうか。今ではごく当たり前のことであるが、不登校の子どもへのカウンセリングでは、昔は「登校することが当たり前」という前提（枠組み）を棚上げにして、不登校の生徒に寄り添うことが重視されていた。また、職場のカウンセリングでは、仕事を続けることに疑問を持つ来談者に「会社を辞めない」ということを前提（枠組み）とはしないで相談をおこなっていた。大学生への相談でもしかりである。大学のカウンセラーであっても「大学を辞めること」も選択の可能性の中に含めて「大学を辞めさせないように」ということは前提（枠組み）にせず、自己実現（自分が本当に納得できる答えを見つけること）を支援してきた。このように考えると、枠組みにとらわれないことを大切にするカウンセラーあるいは心理療法家が、資格をもつ、資格がないと仕事ができない、仕事のために資格を求める、ということはどういう意味をもつのだろうか。このことについて、次の第二部で考えていきたい。

第二部　カウンセリング・臨床心理学の研究・実践の現状への疑問と考察

　初めにも述べたように「飢餓」や「病気」や「死」が古来万人にとっての心の問題や悩みの中心であったであろう。しかし、近代になって、それに加えて「生きるとはどのようなことか」「自分が生

きることにはどのような意味があるのか」「どのように生きれば、自分にとって一番良い生き方になるのか」という、そうそう簡単には答えが見つからない心の問題や悩みが、それまでは宗教者や哲学者など一部の人びとのものであった問題や悩みが、普通の人びと、万人のものとなったと思われる。産業・医療・福祉などが発達して、日常生活では「飢餓」や「病気」や「死」の不安や恐怖があまり身近には感じられなくなったせいであろうか。より幸せな生き方ができるようになって、より本質的な、そして深刻な問題や悩みにわれわれは直面することになったのであろう。

1　自己実現とカウンセリング

　マズローの欲求階層説によれば、人間の欲求は下（より基本的なもの）から、第一段階：食べる・眠るなどの生理的欲求、第二段階：危険から身を守り安全を得る安全の欲求、第三段階：集団に所属し良い人間関係を求める所属と愛の欲求、第四段階：他人から認められる承認欲求、第五段階：自分の可能性を最大に発揮し理想的な生き方を求める自己実現欲求、となっている。人間は、下位の欲求が満たされることで、より上位の欲求を満たすことを求めるようになり、現代人はその生活の基盤が昔の人びとに比べて格段に良くなってきたことから、第一・第二段階の欲求はさほど苦労せずに満たすことができ、第三段階以上の欲求、とくに最上位とされる第五段階の『自己実現』の欲求が、ごく普通の人たちにとってのごく普通の日常の欲求になっていると考えられる。教育においても（文部科学省「生徒指導提要」）、マスコミにおいても、人生における『自己実現』は誰にも必須のものとしてあつかわれてきている。『自己実現』できていない人の人生は、まるで無意味であるかのような意見や報道すら見うけられる。マズローの欲求階層説で考えれば、下位の欲求を満たす方略は比較的見つけやすい。しかし、上位の欲求

になるほど「どうすれば良いのか」答えはどんどん難しくなるように思える。「うまく集団に溶け込み、良い人間関係を作るにはどうすれば良いか」「他者から自分の存在を認めてもらうにはどうしたら良いのか」、引きこもりや不登校、いじめや非行などの、現在、社会を悩ませている問題を考えると、これらの欲求を満たすことが容易ではないことがわかる。

　人間の悩みは、答えを見つけられるものばかりではないだろう。そして、答えを見つけられない悩みであるがゆえに、悩む人にとってはより深刻でつらいものとなるのではないだろうか。「自分はなぜここに存在しているのか」「生きることには、いったいどのような意味があるのか」「これから自分はどうなるのか」など、『自己実現』を求める実存的な悩みは、人間という生き物が存在していくかぎり、どこまでも続くのではないだろうか。答えがないから悩む、どれか・どちらか決められないから悩む、しかも「答え」があるとしても、それは自分にしかわからない。これが人間の本質であり、運命的なもの、宿命だと筆者は考える。

　たとえば、文部科学省の「生徒指導提要」には、225ページにも及ぶ文章の第1ページに、生徒指導の意義としての「自己実現」について以下のような記述がある。

　「各学校においては、生徒指導が、教育課程の内外において一人一人の児童生徒の健全な成長を促し、児童生徒自ら現在及び将来における自己実現を図っていくための自己指導能力の育成を目指すという生徒指導の積極的な意義を踏まえ、学校の教育活動全体を通じ、その一層の充実を図っていくことが必要です。」

　さらに、

　「自己実現の基礎にあるのは、日常の学校生活の場面における様々な自己選択や自己決定です。」「ただし、自己決定や自己選択がそのまま自己実現を意味するわけではありません。」「自己実現とは

単に自分の欲求や要求を実現することにとどまらず、集団や社会の一員として認められていくことを前提とした概念だからです。」
と述べられている。現代は、小学生の時期から「自己実現」をめざして生きることを求められている。しかし、はたして、本当の意味で「自己実現」できる人間はどれほどいるのだろうか（いたのだろうか）。多くの人は、そうとは自覚してはいないが「自己実現（自分にとって納得のいく人生、自分に一番合う人生、自分の生きる意味を体現している人生）」を、その寿命が尽きるまで求め続ける（続けた）のではないだろうか。人間はみな、いつまでもどこまでも、自分という存在が何なのか、答えを求め続ける存在ではないだろうか。「自己実現を求めること。自己実現を求めながら答えが見つからず、そこにたどり着けず悩むこと」は、昔からのそして今でも、誰にとっても人生の本質的な問題や悩みであり、カウンセリングの大切な、大きなテーマではないだろうか。

　現代の科学の最先端をいく理論物理学の研究者と宗教学者との対談で、次のようなやりとりがされている。
　「科学の方法が、宇宙に意味がなく、人間にはあらかじめ目的が与えられていないことを明らかにしたことで、近代人はいかに主体的に生きる目的を見つけるべきかを思い悩むようになりました。輪廻思想は、それよりはるか以前から同じ問題を抱えていたように思います。それに対して、仏教はどのように応えてくれているのでしょうか？」（佐々木 閑・大栗 博司 2016 p.33）
　科学の進歩が、むしろ、人間が自ら生きる目的や意味を自ら見つけ出さなければならないことを突き付けてきたことになる。科学の進歩は、いったい本当に人を幸せにするのだろうか、という疑問がわいてくる。また、お釈迦さまの教えとして「生きる辛さは自分の知恵で解消しろ」（佐々木 閑・大栗 博司 2016 p.143-p.144）というこ

とがあるそうである。

　要は、科学は人間の生きる意味は問わない。人間の生きる意味は、科学の研究対象ではない。科学によれば、人間には生きる意味はない（見つけられない）ということである。このような発言が、自然科学者の最先端にいる人から発せられることに、驚きを感じるとともになぜか納得してしまう。

　また、著名な心理臨床家が次のように述べている。

　「近代科学においては、観察者（研究者）は研究しようとする現象を自分から切り離して、客観的に観察して、そこに因果的な法則を見出そうとする。したがって、そこから見出された法則は、その個人とは関係のない普遍性をもつ。このことは、実に凄いことである。「科学の知」のもつ普遍性のために、それはどこでも誰でも利用できるものとなった。かくして、人間はこのような「科学の知」を基にしてテクノロジーを発展せしめ、二十世紀の百年の間に、昔には考えも及ばなかった便利で快適な生活を享受できるようになった。しかし、その代償として、「科学の知」が次々と「神話の知」を破壊し、その喪失に伴う問題が多発するようになった。」（河合隼雄　2016a p.12-p.13）

　以上のように、人間の心のありようは、少なくとも現状の科学ではまだまだ理解や解明はできないのだということであり、人間（心に問題や悩みを抱える人）にとって一番重要な、心理臨床の世界ではその始まりから現在に至るまで根源的な問題として扱われてきた「人の生きる意味」が、科学ではその対象ではないというのである。では、そのような問題はどこであつかうことになるのであろうか。

　科学は、もちろんその見る・知る対象の範囲を広げようと常に工夫や努力を続けているが、基本的にそれまでに収集できた既存のデータや情報をもとに議論をおこなうのがその特徴である。データ

や情報のないことについては議論しない。よって「人間の生きる意味」や「自分という存在の意味」など議論の範囲にはないということは納得できる。では、今あるデータや情報だけで物事を見て良いのだろうかという疑問が出てくる。データや情報のないことは考えなくても良いのだろうかという疑問が出てくる。疑問を放っておいて良いのだろうか。たとえばわれわれが日常感じる「勘」や「何とも説明のできない不安」など、非科学的だと頭から否定して良いのだろうか。

　自然科学的思考（経験の重視）に重きを置きすぎると、「これまでそのようなことがなかった」「そのようなデータは認められない」などと、たとえば自然災害に対応できず、人災とも思われる被害が生じることは記憶に新しい。われわれが現実に体験していることである。たとえば、2011年3月の東日本大震災での巨大津波の発生とそれに起因する東京電力福島第一原発での事故、2019年9月の台風15号での千葉県における大規模停電など、これまでの経験（データ）では「そのようなことはあり得ない」との思い込みから、十分な対策が取られなかったり、被害への対応が迅速に行われなかったりと、結果として深刻な状況が生まれたとは言えないだろうか。

　科学的な考え方とその成果は確かに、われわれの生活には不可欠である。しかし、科学は、先に述べたように、見ているところしか見ていない。つまり、見ていないところのことはわからないのである。見ていないところ、現在の科学技術ではまだ見えないところに、なにか重要なことがあっても決しておかしくはないだろう。筆者は、現状の科学に無批判に従うことに危惧を覚える。

　また、科学は情報を集め、分析し、一定の法則をみつけることで、理論を作り出す。しかし、そのようにして作られた理論は、たくさんの事例の共通項あるいは最大公約数であろう。今、目の前に

いるこの人、悩んでいるこの人、に似ているもの、近いものはデータから導かれた理論の中に見つかるかもしれないが、この人と同じものではない。ここで、科学だけでなく、カウンセリングでも「経験をつむことの落とし穴」は忘れてはならないだろう。「これまでこうだったから今度もこうだろう」とは、カウンセラーとして厳に慎むべき考え方であろう。

　理論やその背景にあるエビデンスは、他の多くの人たちについての情報のまとめであり、今、目の前にいるこの人のことを言っているわけではない。そのことを忘れてはならない。蓄積された情報の活用だけで、心の問題や悩みに、とくに「自己実現」の悩みに対処できるならば、遠からずして、カウンセリングや心理療法はＡＩに取って代わられるであろうが、はたしてそうなるであろうか。理論やエビデンスを利用し、それを重宝するのはなぜだろうか。カウンセラー自身が、よくわからない状態、理解できない状態に耐えられずに「安心する」ために、とはなっていないだろうか。また、先に述べたように、科学でデータを分析したとき、結果が独り歩きして、レッテル貼りや差別につながる危険性もある。研究者や実践者は、単に結果を出すだけでなく、それが社会的にどのように利用されるかについてまで考える必要があるだろう。真理を探究するだけでは済まないのである。

2　見えないものとのつながり

　そして、われわれの生活の中には、決して科学的とは言えない（その理由を科学的には説明できない）行動がたくさんある。たとえば、多くの人びとがその理由を深く考えることなくおこなっている「年中行事」と呼ばれるものがある。

　1月には「お正月」で新年のお祝いをする。神社仏閣での「初詣で」、その年が良い一年となることをお祈りする。2月は「節分」

で豆まきをする。鬼を追いやり福を招き入れる。3月は「ひなまつり」をする。女の子の健やかな成長を祈る。5月の「こどもの日（端午の節句）」には、しょうぶ湯に入り柏餅を食べ、子どもの健やかな成長に感謝し、これからも健やかに成長することを祈る。8月の「お盆（盂蘭盆会）」には、お施餓鬼をし、お墓参りをしてご先祖さまたちを供養する。11月の「七五三」では七歳・五歳・三歳になった子どもの成長に感謝し、これからも健やかに成長することを祈る。12月の「冬至」にはゆず湯に入りカボチャを食べる。風邪などひかず、健康に冬を（歳を）越せることを祈る。（岡田 芳朗・松井 吉昭 2013）

　われわれは、これらのことを当たり前のようにやっているが、一体何に、誰に感謝し、自分たちの幸せを祈っているのであろうか。祈ることで、本当に幸せはやってくるのであろうか。

　日本では、古くから、伊勢神宮や出雲大社への参拝が、人びとが一生のうちにぜひ行いたいものとされてきた。今でも、神社仏閣をお参りしてお札やお守りを受け、幸せを祈って肌身離さず身につけている人は多いだろう。年中行事のように、季節や時期を限らずとも、家族や友だちの誕生日のお祝いをし、家族や親族で法事（仏事）をおこない、近所の神社仏閣ではお祭りなどのおりにはお参りし、旅先でも神社仏閣に参拝し、さらにはパワースポット巡りなどをおこなっている。観光旅行の企画には神社仏閣やパワースポットを巡るものも少なくない。縁起をかつぎ、ご利益を求めて、科学的には説明のつかないことを当たり前のように、われわれは日々行ってはいないだろうか。

　神社仏閣、神さま仏さまが相手ではなくても、われわれは普段の生活の中で、しばしば両の手のひらを合わせて祈ることをしていないだろうか。いったい何に対して祈っているのだろうか。さらには、お化けや妖怪のたぐいには、なぜかわれわれは惹かれる。怖い

気持ちがありながらもついつい近づいてしまう。いわゆる「怖いもの見たさ」であるが、科学的には何の根拠もない（根拠があるとは証明・確認されていない）のに、なぜか気になる。科学第一の生活であれば、このようなものは端（はな）から相手にはしないであろう。

　きちんと意識はしていなくても、合理的（科学的）に説明はできなくても、行動の理由（惹かれる理由）あるいは意味はきっとあるはずなのである。筆者はそれを「何かとのつながりの確認」と考えたいと思う。

　先に紹介した著名な心理臨床家はまた、次のように述べている。少し長くなるが紹介する。（河合 隼雄 2016b）

　「物が豊かになると、人間が幸福になるためには、それに見合うだけ心のほうもはたらかせなければならないのである。物が乏しいときは、食っていくだけで大変だったので、心のことなどあまり問題にならなかった。しかし、生活が豊かになり、生き方の選択肢が増えてくると、それに相応する心の豊かさ、心の知恵が必要になる。ここに「知恵」と書いたことは、「知識」とは異なる。どれだけ情報を集めても、たとえば父親としてここで息子にどう対処するか、というときは役に立たない。何でも金で解決できるとばかり、子どもに金を使いすぎて、失敗している親も多い。」（はじめに p.iii）

　「事実を記述するのは簡単であっても、真実を伝えるのはむずかしい。真実を伝えるために語る言葉を「嘘」と言ってしまうのは、一方的にすぎる感じがする。虚実の皮膜の間に真実が語られるのだ。」（p.191）

　「このような一般的不安の根本に「関係性喪失」ということがある、と思う。ふと気がつくと、自分はまったく何とも誰ともつながらず孤独なのである。

　日本の伝統的生き方によると、人は家族、世間、地域などのなかで、なんとなくつながって生きてきた。自分を取りまく物事とも関

係があった。

　これは安心感という上では望ましいことだが、「個人の自由」ということを考えだすと途端に大変な「しがらみ」として感じられるものである。」「欧米の思想に強い影響を受けて、日本人は―特に若者は―このような「しがらみ」を切って自由になろうとした。そして「しがらみ」を切ってしまって、ふと気がつくと、まったくの孤独になっていた、というわけである。」（p.3-p.4）

　同じくこの心理臨床家は、

　「神話の意味について、哲学者の中村雄二郎は、「科学の知」に対する「神話の知」の必要性として的確に論じている。「科学の知」の有用性を現代人はよく知っている。それによって、便利で快適な生活を享受している。しかし、われわれは科学の知によって、この世のこと、自分のことすべてを理解できるわけではない。「いったい私とは何か。私はどこから来てどこへ行くのか」というような根源的な問いに対して科学は答えてくれるものではない。中村雄二郎は、「科学の知は、その方向を歩めば歩むほど対象もそれ自身も細分化していって、対象と私たちとを有機的に結びつけるイメージ的な全体性が対象から失われ、したがって、対象への働きかけもいきおい部分的なものにならざるをえない」と述べ、科学の知の特性を明らかにし、それに対して、「神話の知の基礎にあるのは、私たちをとりまく物事とそれから構成されている世界とを宇宙論的に濃密な意味をもったものとしてとらえたいという根源的な欲求」であると指摘している。科学の知のみに頼るとき、人間は周囲から切り離され、まったくの孤独に陥るのである。科学の「切り離す」力は実に強い。」と述べている。（河合 隼雄 2016a p.8-p.9）

　また、思想学者であり宗教学者でもある人物の能について語ることばに、次のようなものがある。（末木 文美士 2018）

　「近代以降の我々には「顕」の世界こそが真実で、「冥」の世界は

仮想や幻想、時には妄想とさえ思われがちである。しかし、中世の人々にとっては逆で、「顕」の世界は移ろいやすい仮の世界であり、「冥」の世界こそより深い真実を表わしている。夢は、現代では「顕」の世界の抑圧された欲望の表われなどと解釈されるが、中世においては「冥」の世界への通路であり、そこにおいて「冥」の世界が顕現されると考えられる。能を理解するのには、このような世界観を前提として見なければならない。」(p.136)

「悲劇の唯一性はまた、演能の一回性にも関わってくる。同じ演目は繰り返し演じられながら、今ここで演じられている舞台はこの一回しかない。演者はただ一回の舞台にすべてを賭ける。一回性と繰り返し可能性は矛盾しつつ同居する。」(p.141)

「じつは演能自体が救済であり、ワキを通して観客が観ること自体が救済である。悲劇は、語られ、聞かれることで癒されていく。それはまた、観客の側の苦悩が昇華され、癒されることでもある。演劇は基本的にカタルシスである。」(p.142)

ここで「顕」を科学的思考、あるいは科学に依った生活と考えてみたらどうであろうか。対して人間の「心」は「冥」の世界であり、深い「真実」を秘めているとは考えられないだろうか。能を演じることと一人の人間が生きることとを重ねて考えられないだろうか。

さらに、古典文学者が次のように述べている。(谷 知子 2017)

「人間は他の動物とは違って、名前を持つこと、理想や美という概念を持つこと、旅や祝祭というハレのときを持つこと、自然や日本ということについて思考することといった、文化的な行動をする存在です。こういう思考や概念があるから、人は人たりうるのです。」(p.6)

「こうした人生の重要な出来事や思考について、日本の古典文学は長い間知恵と力を読者に与え続けてきました。なぜ古典を学ぶの

かと聞かれたら、私はよりよく生きるためと答えるでしょう。そして、いつの時代にあっても普遍的な力を持つからこそ、古典と呼ばれるのです。」(p.6)

このようなことばから、決して科学がすべてなのではなく、他にも人間が生きていくうえで重要なこと（もの）があるとは感じられないだろうか。

以前から、近代・現代の人びとの心の問題はさまざまに論じられていたのだろう。明治時代から昭和時代にかけての高名な仏教学者は次のように述べている。(鈴木 大拙 2017a)

「世間的な考え方、すなわち数量を主として生活する方面を離れて、一段高い見地からすると、一も五も、十五も百も、何もないのである。十五日は月の真ん中で今日は説教の日だとか、何とかいうがごときは、数量に囚えられた分別智の世界での話である。この中に生息している限り、人間には安心はない。いつも明日とか昨日とかいって、心配してばかりいなくてはならぬ。キリストの教えも、この点ではすこぶるおもしろい。「今日の事は今日ですましておけ」というのである。その時その時で「心の欲するところに従うて矩を踰えない」ところに、われわれの生活の妙処があるのではないか。」(p.37-p.38)

「直覚などというと、それは論理以前の世界で、まだ分析力の発達せぬ民族の特性などという人もあろう。が窮極の原理とでもいうべきは、到底論理では到り究め得るものではない。論理は無限連続性のものだ。畢竟は始めに出たところ、踏み出したところへ、戻って来るということになるより、ほかないのである。」(p.87)

そして同じくこの仏教学者は、

「私は、禅は神秘的であると言った。このことは、禅が東洋文化の基調をなしていることを知るとき、当然なことと言わねばならない。まさしくこの点において、西洋が東洋の心の深みを正確に測り

臨床心理学とカウンセリング　　233

えない点であるのだ。というのは、神秘主義はその本来の性質からして、論理分析を拒むものであるが、その論理こそ西洋的思考の最も基本的な性格・性質をなすものだからである。東洋はその推論形式からいって総合的である。それは全体の直観的把握を先とし、個物の細部にはあまり意を払わない。いわば直観的なのだ。したがって東洋的心性は、かりにわれわれがそういったものを仮定するとして、必然的に漠然として模糊たるものであり、局外者にその内容をたちまち開いて見せつける索引はありそうにもない。」（鈴木 大拙 2017b p.12）と述べている。

このようにみてくると、科学的見方や考え方、その研究手法は、絶対的なもの、唯一のものではないことがわかる。特に人間の「心」を考えるとき、科学的な見方や考え方だけでは不十分であることは明らかではないだろうか。

3　資格の問題

先に述べたように、資格によって働く人の仕事の場が確保されたり、法的に守られたりすることはあるが、そしてもちろんそれは必要なことではあるが、カウンセリングという状況においては、それはカウンセラーの側の問題であり、クライエントにとっての利益と必ず連動するものかどうかを考えなければならないだろう。

繰り返し述べているが、カウンセリングの基本である「既存の枠組みにとらわれずに、自由な心のありかたで、悩む人に接すること」が、資格をもつことと両立が可能なのだろうか。カウンセラー個人の問題としてはもちろん、カウンセリングのあり方はどうあるべきかという問題としても、しっかりと検討する必要があるのではないか。

宇治拾遺物語の巻六ノ七　に、「夢の告げ」により、男が法師になる（人びとから法師にさせられてしまう）という話があるそうであ

る。それに関して歴史学者が次のように述べている。

「中世社会において、「夢の告げ」に支えられ、確固としたものとなった「夢語り共同体」が発揮する力の強大さは、ひしひしと感じ取ることができる。ひとたび、強固に築きあげられた「夢語り共同体」の中に迷い込んでしまえば、一人の人間の自己認識など、じつにあやういものだ。

しかし、これは中世社会に限ったことであろうか。今日でも、他者によって共有された認識にまわりを包囲されてしまえば、それにまったくとらわれないで自己の認識を貫くのは、とても困難なのではないだろうか。考えてみれば、一人の人間が、周囲から自分にむけられる評価、それが賞賛であれ、非難であれ、そこからまったく自由でいることは難しい。自分は何者であるか、何者になりたいか、それを社会的な通念にとらわれずに自由に思い描くことはとても困難である。もちろん、それでも人は、その葛藤の中で自分を見出し、それぞれの道を選びとって生きていくことになるのだけれども。」（酒井 紀美 2017 p.86）

また、哲学者のことばに次のようなものがある。

「この国の人々の「個」もまたほとんど窒息寸前の状態にあるのではないか。」「その「個」は、それぞれの流儀で「箱」の中に囲われている。核家族という「箱」、ネットカフェという「箱」、携帯やスマホという「箱」、皮肉なことに個室という「箱」。その箱、箱……の中で数え切れない個、個、個が息も絶え絶えになっている。そんな箱の中の個でも、はたして「個」といえるのか。」（山折 哲雄 2016 p.230）

これらはまさに、社会で生きるわれわれが、他者との関係においてさまざまな影響を受ける中で「自己実現」することの困難さを、そして、カウンセラー自身の「自己実現」の困難さを論じているのではないだろうか。

以上みてきたように、筆者は現在のカウンセリングの大きな流れを、科学的な思考を重視して、心の問題や悩みを「原因とその結果」という図式でとらえ、原因にはたらきかけて問題や悩みという結果を変えようとしている、と理解している。そのようなやり方で対応できる心の問題や悩みもたくさんあるが、繰り返し述べているように「自己実現」というような実存的な悩み「自分がなぜ存在しているのか」「生きることにどのような意味があるのか」などには、科学的な思考のあり方では対応できないと考える。むしろ「今自分がここにいることの意味」を自分で考え、自分で納得のいく自分だけの、唯一無二の答えを見つけ、日々の生活の中でその答えを活かしていくしかないのであろうと考えている。それが「自己実現」ではないだろうか。

　たとえば、高齢者の介護の問題を考えてみよう。少子高齢化が進む日本の現在では、待ったなしの深刻な問題である。家庭では、老老介護、共倒れなどが大きな問題となっている。介護する側からすれば、きつい言い方ではあるが「なぜ自分がこのようなことをしなければいけないのか」「一体いつまで続くのか」「自分の人生はこんなことのためにあったのか」「こんなことで自分は人生を終わるのか」などと考えることも不思議ではないと思われる。まさに正直な気持ちであると思う。原因（対象となる身近な人物の高齢化）と結果（身の回りのことを自分ではできないため周りの誰かが代わりにやってあげなければならない）と考えれば、苦痛となってしまうだろう。そこで「介護することの意味」を考えてみたらどうであろうか。自分とその人のこれまでの関係、残りの時間をその人とどのように過ごすか、その人がいなくなった後自分はどのような気持ちや立場になるか、その人との関係から自分に何が残るか、などなどである。このように意味を考えることになれば、介護は単なる仕事あるいは苦

痛ではなくなるかもしれない。「介護しなくては」ではなく「介護してあげられる」となるかもしれない。たとえ短い時間であったとしても、介護する側の人の心には変化が生まれるのではないだろうか。そして、介護される側の人の心にも変化が生まれるかもしれない。

　ものごとを、人間の人生を、原因と結果の関係だけで見るのではなく、そのことの「意味」を考えることで、気持ちが変わり、その結果として行動も変わるということがあるのではないだろうか。

第三部　課題の確認と若い人たちへの提言

　ここでは、これまでの本稿の内容をふりかえり、現在のカウンセリングのあり方に対する筆者の問題意識（課題の指摘）の再確認と、あわせて、これから臨床心理学やカウンセリングを学ぼうとする若い人たちへの提言を述べていきたい。

カウンセリングという仕事について

　カウンセリングにとっては「心の問題や悩みをかかえて、何とかしたいと切実に思い、今、目の前にいる、唯一無二の、他の誰でもないこの人の、一回性（一度きり）の、二度と同じことが起きない、その人生を生きているこの人を、いかに理解し、この人の役に立てる（何かの役割をはたす）か」がその根本の課題であろう。

　そして「この人の役に立つ」ためには、まずカウンセラーである「自分」を自分がよく知っていること、この人にとって「自分」がどのような存在になるのか知っていること、「自分」がどのように役に立てるのか知っていること、が基本であろう。資格のための勉強はもちろん必要であり大切であるが、知識や技術だけではどうす

ることもできないことはたくさんあるだろう。若い人たちにはぜひこのことを考えてほしい。

　次に「つながり」をキーワードにして「心の問題や悩み」の理解、対応を考えることを提案したい。

　昔は「つながり」がなければ人びとは生きていけなかった。食料を手に入れるにしても、自然に対抗するにしても、一人では何もできなかった。必然的に人は他者と「つながり」をもち、集団で生活することになったのであろう。しかし現在は、科学技術が高度に発達し、少なくとも表面的には、他者と「つながり」をもたなくても生きていけるようになった。インターネットをうまく利用すれば、直接他者と関わらなくても、特定の他者とつながらなくても、生活に必要な物を手に入れることは可能であり、その購入のためのお金も、インターネットの中で稼ぐことができる。外に出て、銀行へ行かなくても、物やサービスと代金のやり取りは容易にできる。インターネットという、表面的・形式的・匿名的な「つながり」で、個人で生きていけるのである。

　しかし、そのような状況の中で、実態としての「つながりのなさ」がさまざまな「心の問題や悩み」を引きおこしているのではないだろうか。ここで考えてほしいことは、カウンセリングが、問題や悩みを抱えたクライエントとカウンセラーとのまさに「つながり」によって成り立っているということである。つながりのなさを、つながりによって修復（？）しようとするのである。

　これまでくりかえし述べてきたように、目に見える、いわゆる科学的研究手法によって確認できる「つながり」、例えば「家族とともに過ごす時間や会話・行動の内容」「地域社会への参加の頻度や内容」「教師と児童や生徒あるいは保護者とのコミュニケーションの量や内容」などが「つながり」のすべてではないだろう。目に見えない「つながり」、先に述べた年中行事の中での、家族との「つ

ながり」（七五三、節句のお祝い、誕生日のお祝い）ご先祖さまとの「つながり」（お盆の墓参り、法事）、神さまや仏さまとの「つながり」（初詣で、パワースポット巡り）、これまで人類が積み重ねてきた歴史との「つながり」（史跡・名所巡り）、芸術作品に触れることでの過去の人びととの「つながり」（美術館や博物館）、これらを体験することで、人びとは「心の問題や悩み」を乗り越えようとしてきたのではないだろうか。これも先に述べた「勘」や「何とも言えない不安」なども、われわれの「心」が何かとどこかでつながっていること、あるいはつながりを求めていることをあらわしているのではないだろうか。

　何か（誰か）と「つながっていると感じられること」や、何か（誰か）に「見守られていると感じられること」が、われわれの安心や安らぎを生み出し、心の健康の維持、「心の問題や悩み」を克服することにおいて、役立つのではないだろうか。そして、より積極的に生きていく手がかり「自己実現」への手がかりがそこにみつかるかもしれない。

　「つながり」がない、あるいは「つながり」が否定的なものであった場合「自分はひとりぼっちで孤立している」と感じてしまい、そこから不安や悩みが生み出されるのではないだろうか。このようなことから、うつや引きこもりの問題、不登校の問題、非行や自殺の問題を考え、改善や解決に結びつけることはできないだろうか。

　そして、今の時代「つながり」といえばインターネットであろう。わざわざ「心のつながり」などと言わなくても、時代は既に「つながり」を重視しているのではないかという意見もあるであろう。しかし、若い人たちの、日常生活で極めて身近な、むしろ不可欠なインターネット・SNSによる「つながり」は、両価的なもの、プラスとマイナスの併存するものであろう。マイナスをできるだけ

小さくして、プラスをできるだけ大きくできれば良いと思う。これは若い人たちに任せよう。

　もちろん、現在のカウンセリングや心理療法においても「孤立」や「つながり」を要点において援助を考え実践しているものはたくさんある。また、心理臨床の世界ではなくとも、高齢者や子育てなど福祉の領域や非行問題への対応などで、あるいは地域活性化などでの行政や自主的な地域活動での「つながり」も注目されていることは忘れてはならないだろう。

　そして「つながり」が、人の心に問題や悩みを生み出すものであることも、古くから言われている。悪気はないのであろうが、身近な他者からの興味本位の視線、そして干渉が負担となり、心を鬱々とする人は少なくない。いわゆる「よけいなおせっかい」や「よけいなお世話」さらには「心の中に土足で踏み込んでくる」と感じられるようなことも「つながり」にはある。そのようなことで人間関係が嫌になり、人と人との関係が希薄な都会に地方から出てくる人も多いだろう。現在よく使われる「きずな（絆）」ということばも、以前は「ほだし」という、からみついて身うごきをとれなくするような、人間関係を否定的に表現する言葉であったようである。先の、現代の若者のインターネットでの「つながり」と同じように「つながり」にはプラスとマイナスを考えなければならないようである。

　またこれも先に述べたように「つながり」を大切にするということは、必然的に、問題や悩みを抱える人と支援する人（カウンセラーやセラピスト）との「つながり」を考えることでもある。心理的支援やカウンセリングでの「つながり」は、一方的なものではなく相互的なものである。「つながり」をポジティブで意味のあるものにするためには、カウンセラーが自分について考えること、自分を知ること、そしてそれを援助に使って、クライエントと良い「つながり」をもてることがまず第一である。

結語

　はじめに述べたように、筆者は、流通経済大学社会学部社会学科で仕事をして30年以上になる。専門ではないが「社会学の分野」の視点や研究に触れることも、これまで少なからずあった。宗教や民俗学、歴史や文化芸術をカウンセリングに取り入れること、社会学的な視点や方法もカウンセリングに取り入れること、他の研究分野と協力関係ではなく「融合」できないかということ、を最近筆者は考えている。今、この時、この場で、にとらわれずに、時間や空間をふくめて、人間を考える様々な視点を「融合」した広い視野で、人の心の問題や悩みに対することはできないだろうか、形にできないだろうかと考えている。

　まず、筆者は本稿において、科学的なものの見方について、否定や反対はしないものの、それを無批判に受容する姿勢に異論を唱えてきた。それにも拘わらずに、その考えを表現するのにおいて、分析的・説明的な話をしてきてしまったことに忸怩たる思いである。今回のような表現ではなく、もっと上手に考えを形にできたならば、というのがまず本稿における一番の反省点である。そのような意味では、歴史的に長い時を経て受け継がれてきている、民俗芸能や神社仏閣などの建築物、あるいは芸術作品などが、数量化や分析によらずに、人間の抱える問題や悩みについて、一人ひとりが自分の答えを手に入れるための手がかりになるものなのかもしれないと感じている。筆者は、今後、民俗芸能や神社仏閣などの建築物、芸術作品などが、どのようにしたら、問題や悩みの理解や解決、自己実現の手がかりとして「融合」して活かせるのかについて考えを深めていきたいと思っている。

　本学社会学部社会学科で学ぶ若い人たちには、広い視野で社会

を、そして自分自身について学んでいってほしい。現代社会の状況をそのままに理解し受け入れることも、生きるために必要なことではあるが、一度立ち止まって、現状に疑問を持ち、視点を変えてみて（裏側、反対側から、あるいは横から、上から、下から見てみて）社会や自分の在り方を考えることをしてもらいたい。

　さいごに、本稿での引用および参考資料は、今回はあえてインターネットを使わなかった。インターネット上の情報は利用すると便利である。必要な情報が簡単に手に入る。しかし、それで良いのだろうか。特に、カウンセリングのような、目の前の生身の人間を相手に日々仕事をしようとする人は、常に生身の、目の前にある生きた情報を大切にすることが必要ではないだろうか。活字になった出版物は「生身」とはいえないが、少なくとも架空の世界のものではない。文字を読みすすめることで書いた人の姿が目に浮かぶものである。本を目の前に並べて読みくらべて、さわって、書いた人の「心」が実感できるものであろう。このような筆者の姿勢も、若い人たちには参考にしてほしいものである。そして、引用し参考にした資料は、若い人たちも比較的手にしやすいものである。是非、資料をもとに臨床心理学・カウンセリングについて考えてみてほしい。

引用・参考文献リスト

第一部　引用・参考文献

青木 紀久代（編著）（2017）．徹底図解臨床心理学　新星出版社
ひろ さちや（2016）．日本仏教史　河出書房新社
伊藤 美奈子（2018）．臨床心理学における研究の動向と今後に向けて　教育心理学年報，*57*, 98-111
岩壁 茂・福島 哲夫・伊藤 絵美（2013）．臨床心理学入門　有斐閣アルマ

加賀谷 崇文（監修）（2018）．図解臨床心理学　成美堂出版

河合 隼雄（2016a）．神話と日本人の心　岩波書店

日本教育カウンセラー協会（編）（2001）．ピアヘルパーハンドブック　図書文化社

日本教育心理学会（2019）．教育心理学研究　*67*, 3

日本パーソナリティ心理学会（2019）．パーソナリティ研究　*28*, (2)

日本心理学会（2019）．心理学研究　*90*, 4

日本心理学会（2019）．心理学ワールド　86

日本心理研修センター（2018）．公認心理師現任者講習会テキスト2018年版　金剛出版

日本心理臨床学会（2017）．心理臨床の広場　18, *9* (2)

日本心理臨床学会（2018）．心理臨床の広場　21, *11*（1）

日本心理臨床学会（2019）．心理臨床学研究　*37*, (3)

大貫 隆（2010）．聖書の読み方　岩波新書

流通経済大学社会学部入門書編集委員会（編）（2010）．社会学は面白い！　流通経済大学出版会

坂井 祐円（2015）．仏教からケアを考える　法蔵館

下山 晴彦（編）（2009）．よくわかる臨床心理学　ミネルヴァ書房

新村 出（編）（2018）．広辞苑　（第七版）岩波書店

職能委員会（2018）．私たちの学び方・働き方・生き方　心理学研究　*36*, (2), 188-218

矢内原 忠雄（2012）．キリスト教入門　中公文庫

第二部　引用・参考文献

ひろ さちや（2016）．日本仏教史　河出書房新社

河合 隼雄（2016a）．神話と日本人の心　岩波書店

河合 隼雄（2016b）．神話の心理学　岩波書店

文部科学省（2010）．生徒指導提要　教育図書

野村 進（2018）．どこにでも神様　新潮社

岡田 芳朗・松井 吉昭（2013）．年中行事読本　創元社

酒井 紀美（2017）．夢の日本史　勉誠出版

佐々木 閑・大栗 博司（2016）．真理の探究　幻冬舎新書

末木 文美士（2017）．思想としての近代仏教　中公選書

末木 文美士（2018）．仏教からよむ古典文学　角川選書

鈴木 大拙（2017a）．禅のつれづれ　河出書房新社

鈴木 大拙（著）増原 良彦（訳）(2017b). 禅仏教入門　中央公論新社
谷 知子 (2017). 古典のすすめ　角川選書
山折 哲雄 (2016).「ひとり」の哲学　新潮選書

その他（参考文献）

赤坂 憲雄 (2002). 境界の発生　講談社学術文庫
村上 陽一郎 (2010). 人間にとって科学とは何か　新潮選書
中西 進 (2011). こころの日本文化史　岩波書店
大野木 裕明・赤澤 淳子・中澤 潤・千野 美和子（編）(2015). 昔話から学ぶ人
　　　間の成長と発達　ナカニシヤ出版
佐倉 統 (2013).「便利」は人を不幸にする　新潮新書
鵜野 裕介 (2015). 昔話の人間学　ナカニシヤ出版
山折 哲雄 (2010).『教行信証』を読む　岩波新書
米田 彰男 (2012). 寅さんとイエス　筑摩選書

【著者紹介】

澤海　崇文（さわうみ　たかふみ）

流通経済大学社会学部准教授

主要著書・論文：Does conventional Implicit Association Test of shyness measure "self-shyness" or "others-shyness"? *Japanese Psychological Research*, *61* （共著、2019年）、『*The handbook of culture and psychology* (2nd ed.)』（共著、Oxford University Press、2019年）

高口　央（こうぐち　ひろし）

流通経済大学社会学部教授

主要著書・論文：「暗黙理論が親密な関係に及ぼす影響」社会学部論叢 *29*（2019年）、『社会心理学におけるリーダーシップ研究のパースペクティブⅡ』（共著、ナカニシヤ出版、2017年）、「お客を顧客へと変化させる店舗の取り組みとは？：認知的不協和理論からの検討」社会学部論叢 *25*（2015年）

山岸　直基（やまぎし　なおき）

流通経済大学社会学部教授

主要著書・論文：「ルールの変更経験は強化への感受性を増加させる」哲学 *142*（2019年）、「人間における時間間隔をおいた行動の形成：並行スケジュールによる行動の変異と淘汰の制御」行動分析学研究 *32*（2017年）、New technology based on variation and selection. *Operants: The B. F. Skinner Foundation Report*（2015年）

井垣　竹晴（いがき　たけはる）

流通経済大学流通情報学部教授

主要著書・論文：『*Diversity of experimental methods in economics*』（共著、Springer、2019年）、Using smartphones while walking is associated with delay but not social discounting. *The Psychological Record, 69*（共著、2019年）、「シングルケースデザインの現状と展望」行動分析学研究 *29*（2015年）

中村　美枝子（なかむら　みえこ）

流通経済大学社会学部教授

主要著書・論文：Influence of room condition on participants in simulation and gaming activities: Analyses of debriefing forms. *Simulation & Gaming, 50*（Sage、2019年）、「ゲーミングによる主体的学び」教育心理学会年報 *58*（共著、2019年）、『リスク・コミュニケーション・トレーニング——ゲーミングによる体験型研修のススメ——』（共著、ナカニシヤ出版、2012年）

佐藤　尚人（さとう　なおと）

流通経済大学社会学部教授

主要著書・論文：『社会学は面白い！——初めて社会学を学ぶ人へ——』（共著、流通経済大学出版会、2010年）、「大学組織における学生の修学援助——その特性と課題　流通経済大学の事例から——」社会学部論叢 *20*（2010年）、『カウンセラーの仕事の実際』（共著、培風館、2002年）

ＲＫＵ現代心理学論文集

発行日　2020年 3 月26日　初版発行

編　者　ＲＫＵ現代心理学論文集編集委員会

　　　　澤海　崇文・高口　　央・山岸　直基

　　　　井垣　竹晴・中村美枝子・佐藤　尚人

発行者　野　尻　俊　明

発行所　流通経済大学出版会

　　　　〒301-8555　茨城県龍ケ崎市120

　　　　電話　0297-60-1167　FAX　0297-60-1165